中国经济金融形势展望报告（2016）

Finding the Way Out for
Chinese Economy

寻求突破的中国经济

——不确定性加大背景下的经济金融形势分析

主　编　刘　伟
副主编　苏　剑

中国人民大学出版社
·北京·

编　委

（按姓氏拼音排序）

前　言

　　本书是北京大学经济研究所宏观研究团队对于中国 2016 年经济金融形势的展望报告。该团队在著名经济学家刘伟教授的指导下，由苏剑教授带领，紧密跟踪研究中国宏观经济与资本市场的动态。

　　本书是该团队对 2016 年中国经济金融形势的展望报告合集，包括《2016 年中国宏观经济展望》、《2016 年中国企业走势前瞻》、《改革与中国经济的健康发展》、《供给侧改革与中国宏观经济》、《2016 年中国房地产市场展望》、《对中国股市的展望》以及《人民币汇率走势展望》七个部分。其中包括北京大学经济研究所宏观研究团队的独立报告、该所定期举办的研讨会"原富论坛"主题发言专家的发言报告，以及"原富论坛"专家库成员的研究报告。另外，本书最后提供了北京大学经济研究所与民生加银资产管理有限公司的合作研究成果——《2016 年大类资产价格走势展望》。

　　需要特别指出的是，本团队的刘伟教授和苏剑教授是国内最早将供给管理引入短期宏观调控的学者，他们合写并发表于《经济研究》2007 年第 2 期的《供给管理与我国现阶段的宏观调控》和发表于《北京大学学报（哲学社会科学版）》2007 年第 5 期的《供给管理与我国的市场化改革》，以及苏剑教授发表于《经济学动态》2008 年第 6 期的《供给管理政策及其在调节短期经济波动中的应用》三篇文章是关于供给管理的最早研究。这几篇文章引入了供给管理，探讨了供给管理和需求管理的组合方式，以及注意事项。随后，他们就将这一宏观调控体系应用于宏观调控政策的设计。该所的独立报告《2016 年中国宏观经济展望》就是这个框架的一个应用。

　　需要郑重声明的是，本书所有观点仅代表署名团队或个人的观点，与所在单位或机构无关。

北京大学经济研究所宏观研究团队的各项研究活动得以顺利开展是该研究团队、"原富论坛"专家库成员共同努力的结果。该团队的研究也得到了北京大学经济学院的大力支持。在此我们表示衷心的感谢！我们也希望本展望报告能有助于各界人士更深入地了解中国的宏观经济金融形势及当前供给侧改革进程中面临的问题与挑战，探索科学合理的解决之道。

北京大学经济研究所宏观研究团队

2016 年 2 月

目　录

第一篇　2016 年中国宏观经济展望

第二篇 2016 年中国企业走势前瞻

第三篇 改革与中国经济的健康发展

第四篇　供给侧改革与中国宏观经济

第五篇　2016年中国房地产市场展望

第七篇　人民币汇率走势展望

第一篇 \\\

2016 年中国宏观经济展望

第1章
2015 年中国经济形势回顾

李 波 蔡含篇 胡慧敏

（北京大学经济研究所助理研究员）

一、实体经济

2015 年，中国经济呈现出"需求萎缩、供给扩张"的态势，由于需求萎缩的程度大于供给扩张的程度，导致了经济下行压力较大，CPI 同比上涨率持续低位徘徊，通货紧缩风险持续。国内有效需求总体萎缩表现为"三大需求"的增速对经济增速的拉动效应尽显疲态。受到工业和房地产投资增速下滑的影响，固定资产投资增速的系统性下降是导致有效需求收缩的首要原因。同时全球经济复苏乏力对出口增速的负向影响也较为明显。尽管消费增速表现得较为平稳，但难以对冲固定资产投资增速和出口增速下滑对有效需求的"恶性"冲击。

（一）经济增速和价格走势

2015 年，中国经济增速仍然逐步放缓，延续了自 2013 年以来缓慢下行的态势。全年 GDP 增速维持在 7.0% 左右，基本可实现年初的政府预定目标。分季度来看，季度 GDP 同比增速相对平稳，第一季度 GDP 同比增速为 7.0%，第二季度同比增速与第一季度相同，仍为 7.0%，第三季度同比增速小幅走低 0.1 个百分点（见图 1—1）。

2015 年，价格水平同比增速持续低位徘徊、进入"1"时代，全年的 CPI 同比上涨率为 1.4%，远低于年初的政府预定目标上限。上半年，CPI 同比上涨率连续走低，下半年 CPI 同比增速有所上升，但幅度不大，价格水平同比增速仍然维持在较低水平（见图 1—1）。

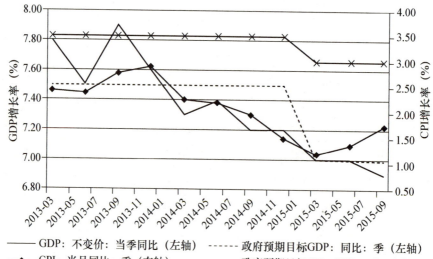

图 1—1　GDP 同比增长率与 CPI 同比上涨率走势

资料来源：北京大学经济研究所根据 Wind 资讯数据整理。

（二）工业增加值

2015 年工业收缩明显，工业增加值同比增速出现较为明显的下降。截至 11 月份，工业增加值累计同比增长 6.1%，低于 2014 年 2.2 个百分点。2014 年工业增加值同比增长 8.3%，较 2013 年下滑 1.4 个百分点（见图 1—2）。一方面，工业企业利润增速持续下滑，大部分传统工业企业处在去库存阶段，生产动力不足，拉低了工业生产增速，其中钢铁、水泥、煤炭等行业的工业生产收缩明显。另一方面，虽然新能源汽车、自动售货机、自动售票机、工业机器人等新兴高技术产品产业增长迅速，但由于体量较小，难以对冲传统工业生产增速的下滑，导致整体工业增速呈现收缩局面。

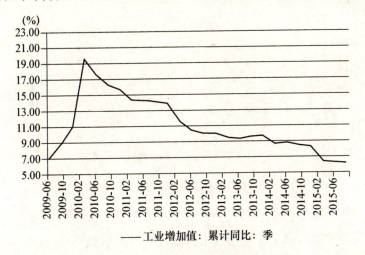

——工业增加值：累计同比：季

图 1—2 工业增加值累计同比增长率走势

资料来源：北京大学经济研究所根据 Wind 资讯数据整理。

（三）三大需求

2015 年，三大需求增速对经济增速的拉动效应尽显疲态，持续施压放缓的中国经济。

消费增速稳中略降。2015 年消费支出增速回落的主要原因在于整体经济下滑所引致的收入增速下降。截至 2015 年 11 月，社会消费品零售总额累计同比增速为 10.6%，低于 2014 年同期 1.36 个百分点（见图 1—3）。由具体分项来看，石油及制品和汽车消费萎缩对整体消费增速下滑的贡献最大。11

月份数据显示，国内石油及其制品消费收缩显著，累计同比增长—7.0%。汽车全年累计零售额表现也较弱，1—11月份累计同比增长5.0%，较2014年同期回落2.2个百分点。

——社会消费品零售总额：当月同比
- - - 社会消费品零售总额：实际当月同比

图1—3 社会消费品零售总额当月同比增长率走势

资料来源：北京大学经济研究所根据 Wind 资讯数据整理。

固定资产投资增速已经形成了系统性下滑的态势，成为拉低有效需求的主因。2015年，投资增速下滑趋势较为明显，投资累计同比增速下降的态势延续且幅度有所增大。2015年1—11月固定资产投资累计同比增长率降至10.2%，年内降幅达到3.7个百分点，且累计同比增速较2014年同期降低了5.7个百分点，出现了较大的萎缩（见图1—4）。投资增速的下滑主要源于制造业和房地产投资增速的收缩，房地产开发投资和制造业固定资产投资对此的贡献率分别为34.1%和30.5%左右。

外部需求不足抑制出口增速。2015年，进口和出口均出现较大幅度的负增长。进出口总额增速较2014年同期明显下降。11月份数据显示，进出口总额累计同比下降8.5%。其中，进口增速下滑非常严重，1—11月份的进口累计同比下降15.1%；出口增速也持续下降，1—11月份的出口累计同

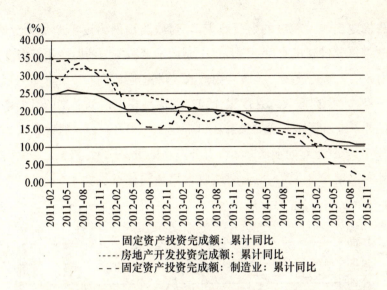

图 1—4　固定资产投资完成额累计同比增长率走势——房地产业、制造业

资料来源：北京大学经济研究所根据 Wind 资讯数据整理。

比增速为－3.0％（见表 1—1）。进口增速收缩的主要原因是国内需求萎缩和国际大宗商品价格下滑，出口增速下滑则受制于外部需求的萎缩。虽然 2015 年美国经济保持相对平稳复苏的态势，但是 2015 年上半年持续发酵的希腊债务危机给艰难复苏过程中的欧洲带来了负面的冲击，同时巴西、俄罗斯等新兴经济体经济增长也面临困境。可见，由于全球经济复苏放缓导致的国外需求收缩拉低了我国的出口增速。

表 1—1　　　　　　　　　　进出口数据对比表（％）

	2014 年 1—11 月	2015 年 1—11 月	同比增速变化
进出口总额：累计同比	3.4	－8.5	－11.9
进口金额：累计同比	0.8	－15.1	－15.9
出口金额：累计同比	5.7	－3.0	－8.7

资料来源：北京大学经济研究所根据 Wind 资讯数据整理。

（四）财政收支

2015 年，在经济下行压力下，财政收入增速放缓。由于年初政府工作报告确定实施"积极的财政政策",财政支出的力度不断加大。然而,财政政策传导机制扭曲在一定程度上制约了"积极"的财政执行力度。

财政收入增速放缓。2015年财政收入增速延续了自2014年3月以来的下滑态势,尽管财政收入月度累计同比增速呈现出前低后高的微弱增长走势,但并未走出整体下行的状态。2015年1—11月,公共财政收入累计同比增长8%,比上年同期低0.3个百分点(见图1—5)。其中,中央财政收入累计同比增长6.5%,地方财政收入累计同比增长9.3%,降幅分别为2.7个百分点和4.1个百分点。

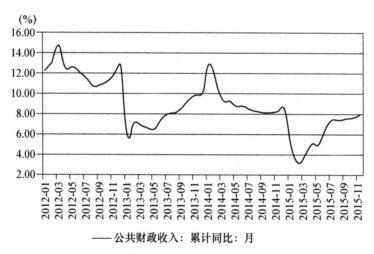

图1—5　财政收入月度累计同比增速变化趋势

资料来源:北京大学经济研究所根据Wind资讯数据整理。

财政支出力度加大。在政府"积极的财政政策"的总基调下,尽管财政收入增速有所放缓,但财政支出增速上升幅度明显,且超出财政收入增速,财政赤字率逐渐扩大。2015年1—11月,公共财政支出累计同比增长18.9%,比2014年同期提升8.8个百分点。在2015年下半年,财政支出同比增速呈现出较强的增长势头,平均每月提升1.5个百分点左右(见图1—6)。其中,中央财政支出同比增长幅度较大,而地方政府在支出方面受到财政收入减少的影响,发挥作用有限,增长幅度稍弱。中央财政支出累计同比增长 16.9％，地方财政支出累计同比增长 19.3％，分别高于 2014 年同期 11.5 个百分点和 8.7 个百分点。

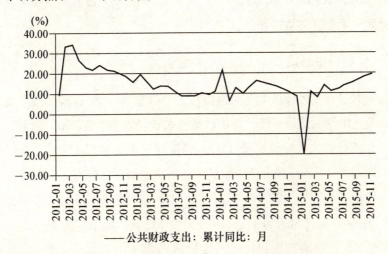

——公共财政支出：累计同比：月

图 1—6　财政支出累计同比增长率变化趋势

资料来源：北京大学经济研究所根据 Wind 资讯数据整理。

　　2015 年财政政策扩张力度进一步加大，集中体现在财政支出方面。一方面，积极财政政策的力度不断加大。2015 年财政赤字率上升至 2.3％，高于 2014 年 0.2 个百分点。另一方面，财政政策的操作空间进一步加大。一是政府加大盘活财政存量资金的力度，将结余资金集中于民生、公共服务和基建等的投资。二是地方政府债务置换、中央和地方 PPP 项目融资平台的设立都为地方政府的支出提供了更多的资金利用空间。

二、货币金融

　　2015 年，M2 同比增速将明显高于年初政府的预期目标，估计将会在 13.5％左右，而人民币信贷同比增速也将维持在 14.5％以上。两个意外因素的出现显著影响了货币金融运行状况。一是股票市场的大幅波动导致金融市场出现震荡，这不仅影响央行货币政策的实施，同时对货币条件（货

币供给量增速和人民币信贷增速）也产生了较为明显的负面影响。二是
2015 年 8 月人民币汇率改革促使人民币贬值幅度大于预期，导致我国国际
收支受到一定程度的负向冲击。

（一）货币供给量

为应对宏观实体经济"三期叠加"的"新常态"，央行试图按照货币投
放目标营造中性的货币环境，货币政策持续松动，"降准"和"降息"交替
实施。2015 年广义货币供给量（M2）月度同比增速基本上表现为先下降后
上升（见图 1—7），呈现出上半年显著低于政府预期目标值、下半年显著高
于政府目标值的走势。2015 年上半年的月度 M2 同比增速保持了较低的水
平。3 月份 M2 同比增速为 11.6％，4 月份 M2 同比增速仅为 10.1％，创下
历史新低。5 月份略有反弹，但同比增速仍然在 11％以下，仅为 10.8％。
尽管 6 月份 M2 同比增速回升至 11.8％，但仍低于政府年初 12％的预期目
标。然而，从 2015 年下半年开始，M2 的月度同比增预期目标。然而，从

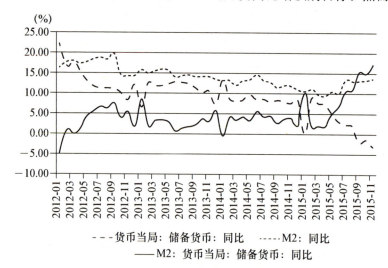

－－－货币当局：储备货币：同比　　-----M2：同比
———M2：货币当局：储备货币：同比

图 1—7　广义货币供给量、货币乘数和基础货币同比增速变动

资料来源：北京大学经济研究所根据 Wind 资讯数据整理。

2015 年下半年开始，M2 的月度同比增速出现明显上升，且随后各月持续保持在较高水平。7 月份 M2 同比增速为 13.3%，高于 6 月份同比增速 1.5 个百分点，8 月份、9 月份和 10 月份 M2 同比增速分别为 13.3%、13.1% 和 13.5%，维持在 13% 以上，截至 2015 年 11 月份，M2 同比增速高于政府预期目标 1.7 个百分点。

（二）人民币信贷

2015 年人民币信贷的月度同比增速走势与 M2 的月度同比增速走势基本同步。人民币信贷的月度同比增速呈现出先下降后上升的 U 形态势，货币乘数的月度同比增速也随之表现出先低位徘徊后明显上升的态势，符合信贷创造存款的规律（见图 1—8）。

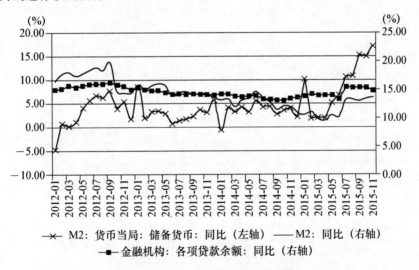

图 1—8　人民币信贷余额、M2 和货币乘数同比增速变动

资料来源：北京大学经济研究所根据 Wind 资讯数据整理。

然而，尽管人民币贷款的月度同比增速先下降后上升，但人民币信贷向实体经济的扩张力度却在逐渐减弱。2015 年上半年，人民币信贷余额同比增速保持在 14% 以上，根据社会融资规模口径计算的新增人民币贷款月均值保持在 0.96 万亿元[①]，此时按照该口径计算的人民币信贷余额同比增速约为 13.3%。同样地，2015 年下半年[②]，尽管人民币信贷余额同比增速为 15.4%，按照社会融资规模口径计算的新增人民币贷款月度平均值则为 0.86 万亿元，对应的人民币信贷余额同比增速约为 13.5%。由此可见，表面来看，下半年人民币信贷同比增速高于上半年 1.4 个百分点，而实际上下半年流入实体经济的人民币信贷同比增速仅高于上半年 0.2 个百分点，人民币信贷对实体经济的支持并未出现明显的扩张。

从信贷投放结构可以看出，金融机构中长期贷款余额月度同比增速下降较快，而经营性的短期贷款月度同比增速逐步上升。具体来看，2015 年第二季度和第三季度的人民币信贷投放结构出现明显的差异（见图 1—9），结合人民币信贷的月度同比增速走势可以看出，第三季度金融机构对实体经济的

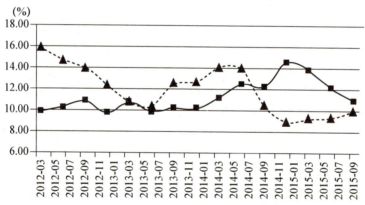

‑‑▲‑‑ 全部金融机构：本外币：贷款余额：经营性贷款：同比
—■— 全部金融机构：本外币：贷款余额：企业及其他部门固定资产贷款：同比

图 1—9 金融机构贷款投放结构

资料来源：北京大学经济研究所根据 Wind 资讯数据整理。

---

① 根据社会融资规模口径的新增人民币贷款当月值计算，同时使用时间序列季节因子调整，下同。社会融资规模口径的新增人民币贷款不包括金融机构对非银行业金融机构的贷款。

② 2015 年下半年样本数据截止于 10 月份，下同。

信贷资金支持的同比增速上升来自短期经营性信贷同比增速的明显增加。如果我们认为中长期信贷投放同比增速下滑主要来自经济下行压力产生的信用风险加大和投资意愿不足，那么经营性信贷同比增速明显上升则反映出企业通过短期信贷来维持日常运营的需求。由此可以认为，2015 年上半年企业运营状况差于下半年。上半年的经营性信贷投放同比增速较慢，表明企业自有资金能够维持正常运营；下半年的经营性贷款投放同比增速加快，反映出企业要利用信贷来弥补自有资金不足，以保证正常运营。

（三）社会融资规模

2015 年，由于经济下行压力较大，经济体系信用风险增加，但随着央行采取"降息"和"降准"等多种松动的货币政策来降低融资成本，社会融资规模月度累计同比增速出现了较为明显的上升。尤其是在 2015 年下半年，流入实体经济的资金明显增加。从结构角度看，2015 年上半年社会融资规模累计同比增速的缓慢增长主要来自直接融资累计同比增速的上升，尤其是境内股票融资。而 2015 年下半年社会融资规模累计同比增速的显著上升主要来自间接融资和企业债券融资的支持，而境内股票融资累计同比增速出现显著的下滑抑制了社会融资规模累计同比增速的增加（见图 1—10）。

（四）股票市场剧烈波动

2015 年下半年，股票指数急速下滑，对判断货币条件和经济形势增添了复杂性和不确定性。"救市"资金促使人民币贷款同比增速扩张明显，进而有效地推升了 M2 同比增速，形成货币条件虚假繁荣的景象。7 月份股票指数呈现出快速下行的态势，为了稳定市场预期、防范系统性金融风险，央行及商业银行向非银行业金融机构提供的临时"救市"资金对信贷扩张产生了明显的拉升作用。7 月上证综合指数从 4 053.70 点下降至 3 663.63 点，同比仅上涨 66.41％，环比下降 14.34％。随着股市的持续降温，新增人民币贷款的子项目"非银行业金融机构贷款"增加 8 864 亿元，环比增量

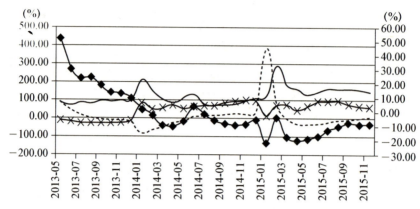

图1—10　社会融资规模累计同比增速和融资结构变动

资料来源：北京大学经济研究所根据 Wind 资讯数据整理。

为 9 328 亿元，约占当月新增人民币贷款的 60％，反映出"救市"推升人民币信贷扩张的现象。如果剔除"救市"资金，根据社会融资规模的统计口径，7—10 月份的新增人民币贷款为 2.9 万亿元，7 月份、8 月份、9 月份和10 月份新增人民币贷款分别为 5 890 亿元、7 756 亿元、10 417 亿元和 7 126 亿元。根据剔除"救市"资金的新增人民币贷款可以计算出人民币信贷余额同比增速，截至 2015 年 10 月份，调整后的人民币信贷余额同比增长率为13.9％，低于官方公布的 15.4％（见图 1—11）。类似地，使用剔除"救市"资金之后的新增人民币贷款调整 M2 同比增长率可以得出，截至 2015 年 10 月份，调整后的 M2 同比增速为 12.6％，低于官方公布的 13.5％（见图 1—12）。

（五）人民币汇率、外汇储备变化与基础货币

除了股票市场剧烈波动之外，人民币贬值和资本外流也是一个十分重要的意外因素。2015 年，外汇市场走势对货币条件的负向冲击超出了我们的

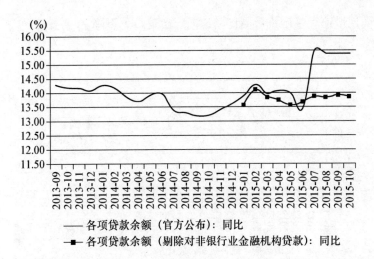

图1—11　剔除"救市"资金之后人民币信贷同比增速与官方公布的人民币信贷同比增速

资料来源：北京大学经济研究所根据 Wind 资讯数据整理。

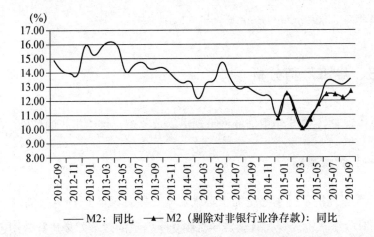

图1—12　剔除"救市"资金之后 M2 同比增速与官方公布的 M2 同比增速

资料来源：北京大学经济研究所根据 Wind 资讯数据整理。

预期。随着股票指数的大幅下跌，资本出现大幅流出，人民币出现了明显的贬值。8月份的汇率改革加速了人民币贬值预期，出现更多的资本流出，外汇储备余额同比增速下降明显，基础货币投放也受到制约。如图1—13所示，2015年下半年，外汇储备收缩对货币条件产生了制约作用，外汇储备

15

余额①同比增速和基础货币同比增速同时出现显著下降。

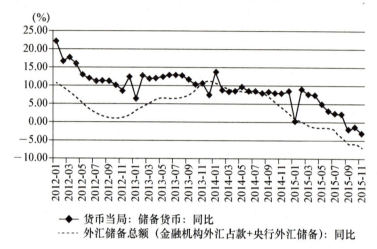

图1—13　人民币汇率升贬值率、外汇储备同比增速和基础货币同比增速

资料来源：北京大学经济研究所根据 Wind 资讯数据整理。

三、经济形势分析

总体来看，2015年中国经济呈现出需求萎缩、供给扩张的局面。

(一) 需求萎缩

2015年经济下行主要受需求萎缩影响。既体现为国内有效需求和国外需求同时收缩，也表现为政策传导机制受阻引致的政策效果边际效用递减。

1. 实体经济缺乏好的投资机会：制造业投资/民间投资增速下滑

实体经济优质投资机会缺乏，制造业和房地产业投资回报率持续下降，企业投资意愿不足。2015年，固定资产投资中的三大领域房地产开发、制

_____

① 外汇储备余额由两个部分组成，一部分是央行持有的外汇储备量，另一部分是金融机构持有的外汇占款。

造业、基础设施建设投资的月度累计同比增速均呈现明显的下降趋势。尤其是房地产开发投资累计同比增速显著下滑探底，制造业投资累计同比增速持续居于低位，降低了固定资产投资的总体同比增速。在房地产业方面，由于地价上涨、劳动力成本和融资成本上升等原因，房地产业净资产收益率不断下调导致对房地产业的投资意愿逐步下降，2015年1—11月房地产开发投资累计同比增速为1.3%，创历史新低，比2014年同期下降10.6个百分点。由于制造业产能过剩，制造业产业升级压力突出，劳动力、土地、环境、能源等要素成本快速上升，利润越来越薄，制造业的资本投入意愿明显下降。2015年1—11月制造业投资累计同比增速为8.4%，比2014年同期降低5.1个百分点。

图 1—14　民间固定资产投资累计同比增长率走势：分产业

资料来源：北京大学经济研究所根据国家统计局、Wind资讯数据整理。

　　民间投资增速下滑，也表明企业投资意愿减弱。由于民间投资在固定资产投资中的占比较大，约为65%，民间投资增速的收缩表明企业投资活跃度下降。2015年民间固定资产投资增速出现加速下滑的局面，月度累计同比增速不断探底，1—11月民间固定资产投资累计同比增速为10.2%，较

2014 年同期下降 7.7 个百分点，大于全国固定资产投资累计同比增速的降幅约 2.3 个百分点。

2. 金融市场波动对总需求形成冲击

第一，降低消费。随着金融市场不断发展，居民财富配置也日益多元化，股市通过财富效应和资产负债表效应刺激消费。股灾不仅造成居民财富损失，而且会恶化居民的资产负债状况，从而导致消费支出减少。多次股灾经验表明，股票资产的缩水会明显降低近期消费。2015 年股灾对消费的负向冲击十分明显，2015 年上半年最终消费支出对 GDP 累计同比的拉动为 4.2%，而前三季度最终消费支出对 GDP 累计同比的拉动为 4%，表明股灾之后的第三个季度，居民由于财富缩水，减少了消费支出，从而拉低了GDP 增长率。

第二，抑制投资。股灾使股权融资大幅下降，严重抑制了企业的投资能力，同时股灾也将导致银行贷款更加谨慎，从而收紧信贷，进一步拉低企业投资。此外，股灾之后，股票市场总市值明显下滑体现为上市公司的资产负债表显著恶化，此时企业贷款主要以短期经营性为主，用于维持企业生存，制约了投资意愿。2015 年 6—9 月，经过季度调整后的固定资产投资月度环比增速分别为 0.84%、0.74%、0.71%、0.70%，表现出股灾之后企业投资增速逐月降低，在救市资金的干预下，10 月股指上升，企业融资能力缓解，投资意愿也略显恢复。经过季度调整后的固定资产投资月度环比增速开始微弱上升，10 月、11 月分别为 0.72%、0.73%。

第三，制约货币政策边际效力。股票市场震荡对经济微观主体的损害导致融资渠道遭到破坏，企业融资能力下降。一方面，上市公司面临清理配资、去杠杆、关闭 IPO 通道等压力，收窄了企业融资渠道。另一方面，股民受到严重损失，投资者信心被挫伤。由于股灾的冲击，以及经济中缺乏好的投资机会，货币政策的边际效力出现明显下降。

3. 外部需求走低，出口增速下滑

2015 年出口增速和进口增速同时出现显著下滑，由于进口增速降低的幅度大于出口增速降低的幅度，贸易顺差增幅较往年有所扩大，贸易顺差同比增速上升。相较 2014 年，2015 年的进出口总额增速下降明显，截至 11 月份，进出口总额累计同比增速下降约 8.5％。受国内经济增速放缓和国际大宗商品价格较大幅度下跌的影响，2015 年进口同比增速降幅明显，1—11 月进口总额累计同比增速为－15.1％，低于 2014 年同期约 15.9 个百分点。同时由于外部需求持续走低，出口增速表现得也偏弱，1—11 月出口累计同比增速为－3.0％，低于 2014 年同期约 8.7 个百分点。

国际经济复苏缓慢导致的外部需求走低是出口增速较大幅度下降的主要原因。2015 年全球经济总体表现较为低迷。一方面，发达国家中，虽然美国经济复苏相对稳健，但受希腊债务危机的影响，欧洲经济复苏步伐较为缓慢，日本在一系列经济刺激政策之下的经济增长幅度并不显著。另一方面，新兴经济体面临着经济内部结构调整等问题带来的经济下行压力，经济增长状况也未出现好转。根据分国别情况数据来看，1—11 月份，尽管中国对美国的出口增速增加，累计同比增速为 4.0％，但仍然低于 2014 年同期 3.3 个百分点。相比较于美国的情况，中国对欧洲和日本两个发达经济体的出口增速均出现不同程度的负增长，1—11 月份累计同比增速分别为－8.4％和－9.6％。另外，中国对新兴经济体的出口增速下滑幅度更为明显，1—11 月份中国对巴西、俄罗斯的出口累计同比增速分别为－19.9％和－36.1％。

4. 财政政策传导机制失灵引致基建投资增速下滑

2015 年财政政策一直保持积极的态势，但财政政策传导不畅，对基建投资发力不足。由于制造业和房地产业投资回报率持续下降，企业投资意愿不足，基础设施建设成为稳定经济增长的主要投资发力点。受到地方政府官员消极、怠政、懒政等不良作风的影响，财政政策传导受挫、发力受阻，重大建设项目投资落地迟缓。财政政策传导机制受阻体现为基建投资增速明显下降。2015 年 1—11 月基建投资累计同比增长 18.0％，比 2014 年同期下降约 2.9 个百分点。

政绩考核制度变革、地方债务压力及新预算规则的执行，在客观上形成了财政政策传导的短期阻力。首先，地方官员政绩考核激励机制转变，GDP 导向弱化，地方政府投资支出意愿明显下降，造成地方层面财政政策传导机制失灵，引致基建投资增速下滑，很大程度上抵消了积极财政政策的扩张效应。其次，由于地方债务问题严重，在地方官员考核中加入地方债指标，使地方官员寻求安全策略，运作地方投融资的意愿和力度下降。此外，融资渠道转换成效还不明朗。2015 年地方政府面临的债务压力通过债务置换得到一定程度的缓解，虽然地方政府债务置换和债券发行所筹集到的资金量很大，但相当一部分是用来偿还到期债务，挤占了用于在建项目和新开工项目的资金。而从土地运作和投融资平台向 PPP 项目融资的转换还面临诸多不确定性，政府支出对社会资本的引导作用不足。同时，自新预算规则执行以来，预算外收入（主要是土地出让金）下降以及新规则对政府性基金收入管理的规范，制约了地方政府在政府性基金支出方面的可获得性。

（二）供给扩张

2015 年中国的总供给面临着两个比较大的良性刺激，一是 2014 年下半年开始的国际原油等能源类大宗商品价格走低，二是供给侧各项改革措施的效果逐渐显现。能源价格大幅下跌，降低了国内企业的生产成本，刺激企业增加供给。供给侧改革调动了相关经济资源的积极潜力，降低了交易成本，提高了经济效率。

1. 油价下跌

自 2014 年下半年以来，国际油价经历了高台跳水式的下跌，国内成品油价格也大幅下降，2015 年油价下滑趋势继续蔓延（见图 1—15）。市场供求失衡依然是导致国际油价大幅下跌的主要原因。从供给层面看，国际原油供给持续增加，一方面，非常规油气资源的开发实现了经济效益，扩大了能源供给，美国的页岩气革命逐渐增加了原油产量，随着 2014 年开始钻井的油井陆续完工，短期内美国的页岩油产量还将继续增长；另一方面，OPEC 为保住市场份额，没有通过减产来提升油价，保持了以往的原油供给。从需求层面看，由于全球经济增长放缓，石油消费大国——中国的经济增速放缓、去产能进程持续，欧洲和日本经济的复苏乏力以及部分新兴国家经济陷入滞胀，导致国际市场对原油的需求不振。此外，美元升值的预期对油价的负向冲击作用也不容忽视。自 2014 年底美国宣布退出量化宽松政策开始，美元便进入了升值周期，市场对美联储加息预期的提高加大了油价下跌压力。

由此可见，尽管油价下跌的导火索来自需求面，但更主要的原因则是原油供给层面所产生的正向推动作用。从长期来看，技术进步带来的油价下跌对全球经济而言是一个永久性的良性供给刺激。在全球能源供应持续增加的情况下，即便未来全球的经济增长好于预期促使油价在当前的价格水平上有所反弹，但基于页岩气技术进步带来的原油供给增加的格局不会发生根本改变，未来国际油价仍有可能进一步下跌。

图 1—15　CRB 大宗商品价格指数与原油价格走势图

资料来源：北京大学经济研究所根据国家统计局、Wind 资讯数据整理。

以原油为代表的能源等生产要素价格的持续走低能够继续推动企业生产成本下降，对我国的总供给形成良性冲击。我国是石油消费大国，石油的对外依存度逐年上升，油价和大宗商品整体价格持续下跌对我国来说是一大利好消息。从总生产成本方面看，我国作为全球主要制造业大国，大宗商品价格下跌有助于降低制造业成本，进一步扩大企业的利润空间，使制造业总体得益。国际油价低位运行，可直接降低石油进口成本和石化行业的运营成本，并通过产业链传递降低经济发展的成本。同时，石油也是物流业、工业和运输业发展所需的重要能源，低油价也可降低这些行业的发展成本。由此可见，国际油价下跌将促使国内生产成本减少，在其他条件不变的情况下，能源价格的良性冲击相当于扩张总供给，从供给层面助力总产出增加和价格水平的下降，有助于形成低通胀、高增长的良性经济运行态势。瑞士银行的研究报告估计，如果国际油价下跌15%，全球 GDP 的增速将提高0.25%。世界银行的报告也表明，由于石油供给原因导致的油价下跌达30%，可提升2015年全球经济增速约0.5%。

我们对原油价格下跌对总生产成本、GDP 增速和价格水平上涨率的影响分别进行了测算。考虑到能源成本是总生产成本的一部分，测算油价下跌对总生产成本的影响采用的是宏观数据和国民收入恒等式。根据计算，2015年，原油价格下降约50%，总生产成本下降2.2个百分点。[①] 在此基础上，我们通过计算石油成本占我国总生产成本的比重及其变化趋势来分析国际原油价格下跌对总成本的影响情况。如表1—2所示，2000年以来，石油成本占我国总生产成本的比重基本上维持在3.5%～7.7%之间，2011年开始出现逐步小幅下跌，2014年下半年开始随着原油价格的跳水式下跌，石油成本占我国总生产成本的比重也出现明显下降。从结构上看，2008年之前，国产石油能源成本占总生产成本的比重一直高于进口石油；从2009年开始，情况恰好相反，进口石油能源成本占总生产成本的比重超过国产石油，反映出国际油价的波动对国内总生产成本的影响程度逐年增加。

---

① 2015年，国内原油现货价格（大庆）的年均价格为46.83美元/桶，WIT 原油现货价格的年均价格为48.63美元/桶。2015年人民币兑美元汇率为6.14，原油对外依存度为60%，表现为消费量同比增长率为5.9%，非能源成本同比增长率等于国内生产总值同比增长率，为7.0%。

表 1—2　　　　　　　石油能源成本占总生产成本的比重（％）

时间	石油能源总成本/ 总生产成本	进口石油能源成本/ 总生产成本	国产石油能源成本/ 总生产成本
2000 年	4.954	1.320	3.634
2001 年	3.851	0.910	2.941
2002 年	3.719	1.019	2.700
2003 年	4.289	1.407	2.882
2004 年	5.815	2.222	3.592
2005 年	6.873	2.683	4.190
2006 年	7.418	3.195	4.223
2007 年	7.059	3.307	3.752
2008 年	7.741	3.733	4.008
2009 年	4.122	2.120	2.001
2010 年	5.222	2.868	2.354
2011 年	5.674	3.401	2.273
2012 年	5.300	3.281	2.019
2013 年	4.677	2.804	1.874
2014 年	4.183	2.533	1.650
2015 年	2.171	1.281	0.890

资料来源：北京大学经济研究所根据 Wind 资讯宏观数据计算。

我们基于总供给和总需求的分析框架，使用经济计量方法定量测算了国际油价变动对 GDP 增长率和价格水平上涨率的影响。根据测算发现，国际油价下跌对中国经济增速形成了一个较为明显的良性冲击，油价下跌促使国内通胀率下降、GDP 增长率上升。具体定量测算结果为，2015 年国际油价下跌 50％，促使通货膨胀率下跌 0.5 个百分点，GDP 增长率增加 0.3 个百分点。在目前通货膨胀率仅为 1.5％左右、GDP 增长率为 7.0％左右的情况下，通胀率下跌 0.5％和 GDP 增长率增加 0.3％是一个较大的良性冲击幅度。

2. 改革的效果显现

十八届三中全会以来，中国进入全面深化改革新阶段（刘伟、苏剑，2014a），改革红利日益凸显，尤其是对经济预期和交易成本的影响较为显著。2015 年，深化改革依然是政府始终强调的重点。改革主题更倾向于供给侧，以直接减轻微观主体的经济负担和改善资源配置环境来降低交易成本为主要特征。2015 年 6 月李克强总理签批《关于 2015 年深化经济体制改革重点工作的意见》，明确提出了 8 个方面的年度经济体制改革重点任务。改革内容涵盖简政放权、企业改革、财税体制改革、金融改革、城镇化、农业农村和科技体制等改革、经济结构优化、开放型经济新体制构建、民生保障相关改革、生态文明制度建设等相关内容（具体改革内容见表1—3至表1—7）。2015年的改革措施反映出偏重供给侧的显著特征，主要体现在两个层面：

一是通过对微观企业的直接刺激，激发企业的经营活力。直接针对微观企业的改革降低了企业的税收成本，刺激企业的生产活力，对经济产生了良性的供给。对微观企业直接刺激的改革措施主要表现在鼓励"双创"、实施结构性减税、国有企业改革以及价格、财税改革等配套措施等方面。2015年具有鲜明的供给侧特点的改革措施表现为两个方面：一方面是支持创新，政府以多项政策推动"大众创业、万众创新"。随着鼓励创新的政策及其后续配套政策的陆续推出，不仅有助于传统产业的升级，也有助于社会全要素生产率的提升，进而刺激总供给的增加。另一方面是减税，特别是对低收入者和中小企业减免税，减轻了企业负担，增强了微观主体的活力。自2012年试点以来，为企业减负的"营改增"三年累计减税3 746亿元，其中2014年减税1 918亿元，试点范围内超过95%的纳税人因税制转换带来税负不同程度的下降。通过"营改增"，在减轻税负、落实结构性减税政策的同时，消除服务业发展的重复征税因素，推动企业发挥潜力，通过专业化细分推动产业结构优化。结构性减税和配套的财税体制改革激发了市场主体的"双创"活力，以经济杠杆的方式推进经济结构的优化，切实降低了企业税收，尤其是中小企业的税收，客观上提高了企业收益率，增加了企业扩大生产的动力。

二是依靠改善资源配置环境，降低社会的交易成本，调动微观主体的潜力。针对改善资源配置环境层面的改革主要体现在大幅度减少行政审批、推进生产要素价格体系改革等方面。这些改革旨在优化整体经济的资源配置效率，尽可能地降低要素配置成本和交易成本，间接地对供给形成良性的刺激。取消多种审批，提高政府效率，降低企业市场准入门槛，减少企业的交易费用，从而刺激供给。要素市场改革使得市场更有效，资源配置压缩了寻租空间，降低了隐性交易成本。

总体来看，2015年改革红利的延续释放对供给层面产生了显著的良性刺激。一方面，改革压缩了寻租空间，降低了隐性交易成本，提高了资源配置效率，降低了总生产成本；另一方面，改革强有力的推进引导了社会预期朝着有利于改革方向的形成，提高了改革的边际效应，加速了改革红利的释放。

表1—3　　　　　　　　　　2015年改革重点（一）

时间	发起机构	改革主题	内容
优化经济结构			
11月10日	中央财经领导小组第十一次会议	推进经济结构性改革	着力加强供给侧结构性改革。
9月1日	国务院常务会议	设立国家中小企业发展基金	政府与市场携手增强创业创新动力；确定调整和完善固定资产投资项目资本金比例制度，促进投资结构优化。
11月13日	中央全面深化改革领导小组第十七次会议	《关于加强和改进行政应诉工作的意见》、《深化国税、地税征管体制改革方案》、《关于进一步推进农垦改革发展的意见》、《关于国有企业功能界定与分类的指导意见》、《关于完善矛盾纠纷多元化解机制的意见》	鼓励基层改革创新。
简政放权			
3月上半旬	国务院	《关于取消和调整一批行政审批项目等事项的决定》	取消和下放90项行政审批项目，取消67项职业资格和认定事项，取消10项评比达标表彰项目，将21项工商登记前置审批事项改为后置审批，保留34项工商登记前置审批事项。
3月下半旬	中办、国办	《关于推行地方各级政府工作部门权力清单制度的指导意见》	将地方各级政府工作部门行使的各项行政职权以清单形式明确列示出来，向社会公布，接受社会监督。
11月9日	中央全面深化改革领导小组第十八次会议	《关于促进加工贸易创新发展的若干意见》	促进加工贸易创新发展，以创新驱动和扩大开放为动力。

表1—4 2015年改革重点（二）

时间	发起机构	改革主题	内容
金融体制改革			
1月上半旬	证监会	《股票期权交易试点管理办法》及配套规则	上海证券交易所获批开展股票期权交易试点。试点产品为上证50ETF期权。
3月上半旬	银监会	《关于2015年小微企业金融服务工作的指导意见》	银行业小微企业金融服务工作目标调整为"三个不低于"。进一步改进小微企业金融服务，积极推动大众创业、万众创新。
3月上半旬	证监会	中国金融期货交易所开展10年期国债期货交易并挂牌合约	健全国债收益率曲线，完善国债期货产品体系，推动资本市场改革创新和推进利率市场化改革。
3月下半旬	李克强签署第660号国务院令	公布《存款保险条例》	深化金融改革，维护金融稳定，促进我国金融体系健康发展。
6月上半旬	中国人民银行	推出大额存单产品	商业银行、政策性银行、农村合作金融机构等可面向非金融机构投资人发行记账式大额存款凭证，并以市场化的方式确定利率。
11月9日	中央全面深化改革领导小组第十八次会议	《推进普惠金融发展规划（2016—2020年)》	完善基础金融服务，创新金融产品和服务手段，加快推进金融基础设施建设。
企业改革			
9月上半旬	国务院	《关于深化国有企业改革的指导意见》	推进国有企业改革，包括完善现代企业制度和国有资产管理体制、发展混合所有制经济等方面。
9月下半旬	国务院	《关于国有企业发展混合所有制经济的意见》	明确国有企业发展混合所有制经济的总体要求、核心思路、配套措施。

表 1—5　　　　　　　　　　　　2015 年改革重点（三）

时间	发起机构	改革主题	内容
社会保障制度改革			
1 月上半旬	国务院	《关于机关事业单位工作人员养老保险制度改革的决定》	机关事业单位工作人员社会统筹与个人账户相结合的基本养老保险制度。
4 月 1 日	国务院常务会议	扩大全国社保基金投资范围	社保基金债券投资范围扩展到地方政府债券；提高基金的信托贷款投资比例上限；扩大基金直接股权投资的范围。
现代市场体系建设			
3 月上半旬	国务院办公厅	《关于发展众创空间推进大众创新创业的指导意见》	以市场为导向，推进大众创新创业，强化开放共享、创新服务模式。
3 月下半旬	国务院	《中共中央国务院关于深化体制机制改革 加快实施创新驱动发展战略的若干意见》	到 2020 年，基本形成适应创新驱动发展要求的制度环境和政策法律体系，为进入创新型国家行列提供有力保障。
4 月 21 日	国务院常务会议	《基础设施和公用事业特许经营管理办法》	制度创新激发民间投资活力。清理规范与行政审批相关的中介服务。
5 月下半旬	国务院	《关于在公共服务领域推广政府和社会资本合作模式的指导意见》	激发社会资本活力，打造大众创业、万众创新和增加公共产品、公共服务"双引擎"。
生态文明改革			
3 月 24 日	中共中央政治局	《关于加快推进生态文明建设的意见》	推动国土空间开发格局优化、加快技术创新和结构调整、促进资源节约循环高效利用、加大自然生态系统和环境保护力度等重点工作。
9 月下半旬	中共中央、国务院	《生态文明体制改革总体方案》	设定我国生态文明体制改革的目标，到 2020 年，构建起由自然资源资产产权制度、国土空间开发保护制度等八项制度构成的生态文明制度体系。

表1—6　　　　　　　　　　　2015年改革重点（四）

时间	发起机构	改革主题	内容
开放性经济体制建设			
4月下半旬	国务院	《中国（广东）自由贸易试验区总体方案》、《中国（天津）自由贸易试验区总体方案》、《中国（福建）自由贸易试验区总体方案》和《进一步深化中国（上海）自由贸易试验区改革开放方案》	贯彻"一带一路"建设、京津冀协同发展、长江经济带发展等国家战略，为构建开放型经济新体制率先挖掘改革潜力。
土地管理制度改革			
2月25日	国务院	33个试点县（市、区）暂时调整实施土地管理法等相关规定	暂时调整实施土地管理法、城市房地产管理法关于农村土地征收、集体经营性建设用地入市、宅基地管理制度。
8月下半旬	国务院	《关于开展农村承包土地的经营权和农民住房财产权抵押贷款试点的指导意见》	开展农村承包土地的经营权和农民住房财产权抵押贷款试点，包括五项主要内容：（1）赋予"两权"抵押融资功能；（2）推进农村金融产品和服务方式创新；（3）建立抵押物处置机制；（4）完善产权交易等配套措施；（5）加大政策扶持和协调配合力度。
户籍制度改革			
10月21日	国务院常务会议	《居住证暂行条例（草案）》	以法治助推新型城镇化。推进城镇基本公共服务和便利向常住人口全覆盖，居住证持有人通过积分等方式落户。

表 1—7　　　　　　　　　　2015 年改革重点（五）

时间	发起机构	改革主题	内容
财税体制改革			
3 月 1 日	李克强签署国务院令	《中华人民共和国政府采购法实施条例》	提高政府采购透明度，强化社会监督。
4 月 8 日	国务院常务会议	决定适当降低铁矿石资源税征收比例	改善铁矿石企业生产经营环境、促进结构调整、支持上下游产业协调发展和升级。
8 月 26 日	国务院常务会议	清理和规范进出口环节收费，为企业发展减负	清费减负，增强企业活力。
2 月 25 日	国务院常务会议	减税降费措施、支持小微企业发展和创业创新	(1) 将享受减半征收企业所得税优惠政策的小微企业范围；(2) 将已经试点的个人以股权、不动产、技术发明成果等非货币性资产进行投资的实际收益，由一次性纳税改为分期纳税的优惠政策推广到全国；(3) 将失业保险费率由现行条例规定的 3% 统一降至 2%。
8 月 19 日	国务院常务会议	进一步加大对小微企业的税收优惠	(1) 将减半征收企业所得税的小微企业范围，由年应纳税所得额 20 万元以内（含 20 万元）扩大到 30 万元以内（含 30 万元）；(2) 将月销售额 2 万元至 3 万元的小微企业、个体工商户和其他个人免征增值税、营业税的优惠政策执行期限，延长至 2017 年底。
4 月 28 日	国务院常务会议	实施稀土、钨、钼资源税改革	将稀土、钨、钼资源税由从量计征改为从价计征，理顺资源税费关系。

（三）总结

2015年的宏观经济运行呈现出有效需求萎缩的"恶性"因素大于供给扩张的"良性"因素，需求萎缩对经济增长的负向冲击幅度大于供给扩张的正向冲击幅度，导致全年宏观经济下行压力加大、通货紧缩风险增加。

造成有效需求大幅紧缩的主要原因是财政政策和货币政策的传导途径受到了制约，未能实现为放缓的实体经济减压的目标。由于财政和货币政策传导机制不够通畅，2015年消化宏观经济整体下行的压力时间延长。从财政政策看，尽管中央财政支出明显扩张，减税、减费措施陆续出台，但地方政府官员目标和约束的改变使得财政资金难以完全、有效地落实，财政到位资金未能及时落地、财政政策传导时滞延长。从货币政策看，股市的剧烈波动对资本市场微观主体产生了较为严重的打击，导致金融对实体经济的支持效率下降。

政策传导机制扭曲的直接负面影响表现为投资增速出现系统性下滑，投资低迷转而导致有效需求疲弱，再加上政策落实本身存在的时滞导致政策预期的效果未能有效发挥，进一步增加了有效需求的萎缩程度。尽管总供给呈现出明显的良性扩张，但难以对冲需求端的萎缩，形成了全年宏观经济下行压力加大、通货紧缩风险增加的局面。

第2章
2016年国际经济形势展望

邢曙光　林　江

（北京大学经济研究所助理研究员）

据国际货币基金组织（IMF）和接受彭博调查的经济学家表示，2016年全球经济将略强于2015年，与长期平均增长水平相当。2016年全球经济缓慢复苏，全球经济增长率将会维持在3.4%左右，复苏形势脆弱且不均衡，呈现出两类分化现象。一是发达国家内部的分化，美国经济复苏程度要好于欧洲与日本。美国经济继续复苏势头；欧洲仍需缓慢地消化希腊债务危机和难民的冲击，经济形势不明朗；日本经济则没有继续"安倍经济学"之前的向上劲头，结构性因素的清理仍在继续。二是发达国家与新兴市场国家之间的分化。金砖国家中，除印度经济表现较为亮眼之外，其他各国经济增速均有所走低，其中巴西和俄罗斯两国经济受到的负向冲击较为明显。

一、美国

2015 年，美国经济表现相对稳定。以不变价计算的真实 GDP 环比折年率均值达到 2.0%（第三季度为初值），较 2014 年的 2.5% 有所回落（见图 2—1），但相对其他发达经济体，2% 的增长率仍表现较好。在价格方面，受美元走强以及国际大宗商品价格较大幅度走低的影响，美国 CPI 总体处在低位。核心 CPI 的同比增速达到 1.9%，处于较低的位置（见图 2—2）。就业水平持续上升，2015 年 10 月，美国失业率水平下降至 5%，当月非农就业人数增加 27.1 万，就业水平与金融危机前相近。

2016 年，美国经济将继续保持复苏态势，IMF 预测美国的经济增长率为 2.84%，较 2015 年进一步提升 0.27 个百分点。尽管经济内生增长动力仍待稳固，但表现将依旧优于其他主要发达经济体。

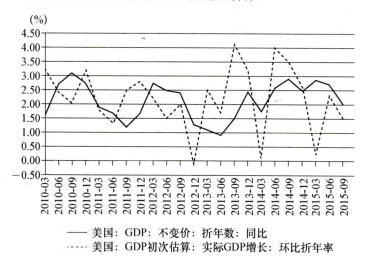

—— 美国：GDP：不变价：折年数：同比
······ 美国：GDP初次估算：实际GDP增长：环比折年率

图 2—1 美国 GDP 同比增长率走势

资料来源：北京大学经济研究所根据 Wind 资讯数据整理。

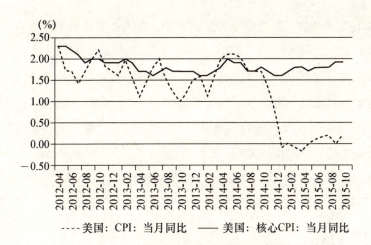

----美国：CPI：当月同比　　—— 美国：核心CPI：当月同比

图 2—2　美国 CPI 同比上涨率走势

资料来源：北京大学经济研究所根据 Wind 资讯数据整理。

二、欧洲

　　欧元区继 2014 年摆脱负增长之后，2015 年继续保持复苏势头，预计 2016 年将继续复苏，GDP 增长率达到 1.7%。欧洲央行 2015 年 3 月份开始的量化宽松政策效果明显，但由于新兴市场进口不振，复苏低于预期。预计 2015 年 GDP 增长率达到 1.4%，比 2014 年高出 0.5 个百分点，2016 年有望达到 1.7%。受油价下降影响，2015 年调和消费者物价指数（HICP）预计为 0.1%，比 2014 年下降 0.3 个百分点。随着欧元的贬值，2016 年 HICP 将会有所上升，达到 1.1%。如果剔除油价，2015 年 HICP 可达 0.9%，2016 年预计达到 1.3%。预计 2015 年失业率较 2014 年的 11.6% 有所下降，为 11%，2016 年会进一步下降到 10.6%。

　　在 2015 年 7 月 23 日希腊接受紧缩方案之后，欧洲主权债务危机暂时告一段落。鉴于希腊经济规模很小，即使债务危机再次爆发，只要希腊不退出欧元区产生连锁反应，对欧洲经济的影响就不会很大。根据股市、债市的反应，

"11·13巴黎恐怖袭击"对市场的影响很小，并不会对欧洲经济复苏大势产生影响。由于新兴市场的不确定性，欧元区经济仍然面临下行压力。油价的下降可以增加居民的可支配收入以及企业利润，进而促进个人消费和投资，但是也会导致通货紧缩风险。为了保障经济持续复苏，欧洲央行在2015年12月延长了量化宽松政策的实施时间，不排除2016年上半年降息及加大量化宽松政策的实施力度（见表2—1）。

表2—1 欧元区经济数据预测

欧元区	2013 年	2014 年	2015 年	2016 年
真实 GDP（%）	−0.4	0.9	1.4	1.7
HICP（%）	1.4	0.4	0.1	1.1
失业率（%）	11.9	11.6	11.0	10.6
3 个月 EUIBOR（%）	0.2	0.2	0	0
10 年期债券收益率（%）	2.9	2.0	1.3	1.6
经常账户（占 GDP%）	2.0	2.1	3.0	2.9
USD/EUR	1.33	1.33	1.11	1.10

资料来源：欧洲中央银行（ECB），北京大学经济研究所。

三、日本

日本经济增长总体维持较低水平，并未显现出摆脱长期以来的低迷的迹象。2015年第一季度，日本GDP同比增长率有所回升，但这一走势并没有持续，全年经济增速并未出现显著上升，意味着日本经济再度陷入衰退。日本政府以强势姿态推出的结束通缩、重振经济增长的努力并没有收到预期效果，日本经济持续较为低迷。2015年，日本物价水平的增长率在4月份大幅走低，重新进入通缩周期。日本政府采取的刺激价格水平回升的措施并没有起到预期的作用，目前的CPI同比增长率仍距2.0%的目标较远。在就业方面，失业率基本维持在与2014年相近的水平。

尽管日本的制造业经济数据表现有所上行，2015 年第四季度制造业 PMI 初值上升至 52.8％，CPI 同比增长率回升至 0.3％，而失业率走低 0.3 个百分点，但总体来看，短期内仍较难看到显著的稳固回升的状况。

原油等能源类价格下降和最低时薪调整政策等因素有望在一定程度上刺激日本个人消费支出回升，同时日元走低有助于使贸易顺差维持较好的态势，预期 2016 年日本 GDP 真实增长率同比增加 1.0％，约高于 2015 年 0.3 个百分点，但总体经济运行态势仍较为低迷。

四、新兴市场国家

(一) 巴西

巴西经济在 2015 年持续了 2014 年年中以来的滞胀局面，面临着经济持续负增长、通货膨胀率高企以及失业率迅速攀升等问题。2015 年巴西真实 GDP 增长率为 -3.85％，这是该国 1990 年以来最低值。广义消费者物价指数（IPCA）同比增长率年均为 9.01％。六大城市失业水平持续攀升，2015 年失业率已经达到 6.83％。

巴西经济面临国内结构性矛盾和国外需求环境下行双重压力的夹击。一方面，发达经济体复苏相对缓慢，出口产品的主要需求国经济下行导致需求走低，并且大宗商品价格的低迷等因素也不利于出口。另一方面，巴西经济自身面临长期以来的结构性问题，例如政府养老金支出占 GDP 比重达到 7％，现行社会福利体制对经济增长形成较大负担。另外，巴西的产业结构中制造业发展水平低，对经济增长的拉动较弱。

2016 年，由于摆脱巴西经济滞胀的政策效果充满不确定性，以及全球经济复苏前景不明朗很难给巴西经济提供支撑，巴西经济仍将面临较为严峻的挑战，预计经济增长率为 -1.0％。

（二）俄罗斯

俄罗斯经济主要受到石油价格连续下跌以及欧美发达国家制裁的影响，在 2015 年出现了全球金融危机以来最严重的下滑。2015 年第一季度和第二季度，真实 GDP 连续负增长，且降幅扩大，同比增速分别达到－2.24％和－4.65％。此外，由于卢布贬值，俄罗斯 2015 年通货膨胀率维持在较高水平，2015 年 CPI 同比上涨率始终保持在 15％之上。

目前，政治因素导致的俄罗斯与欧美之间的经济角力未见缓和的迹象，各主要经济组织也相继调低俄罗斯 2016 年经济增长预期。因此，无论是从政治还是经济方面来看，俄罗斯 2016 年面临的外部环境依然较为严峻，预计经济增长率为－0.6％。

（三）印度

在全球经济复苏乏力的背景下，印度经济在 2015 年的表现较为突出，实现了较高水平的经济增长。2015 年真实 GDP 年均增速达到 7.52％，较 2014 年全年同比增速均值高出 0.39 个百分点。受大宗商品价格走低和全球经济低迷的影响，印度 2015 年上半年通货膨胀率持续走低，7 月份 CPI 同比上涨率降低至 3.69％。但通过降息等扩张政策，下半年印度经济逐渐摆脱了通货紧缩，CPI 上涨率同比回升较快。相比巴西和俄罗斯较为严峻的态势，印度经济表现亮眼，预计 2016 年经济增长率为 7.5％。

第 3 章

2016 年中国总需求的自然形势展望

蔡含篇　胡慧敏　李　波

（北京大学经济研究所助理研究员）

在现有宏观政策格局和力度下，假定不采取进一步的刺激措施，在其他因素不变的条件下，我们判断总需求增长率将呈现进一步下滑的自然走势。

一、消费

（一）促进因素

1. 网络消费推广

近年来随着网络技术、互联网基础设施、物流配送等配套技术、设施的发展完善，网络购物异军突起，成为新的带动消费的增长点。截至 2015 年 11 月份，全国网上零售总额为 34 526 亿元，累计同比增长 34.5%，拉高社会消费品零售额累计同比增速 4.0 个百分点左右。由于网络消费便利，节省时间成本，网购落地于百姓的日常消费，对消费增速上升产生了良性的冲击。2013 年网络零售总额占全国社会消费品零售总额 7.7％左右，2014 年占比 10.6％左右，到了 2015 年 11 月这个占比增加至 13％，增幅略微减小（2014 年网络零售总额占比增幅为 2.9％，2015 年约为 2.4％）。预计 2016 年网络消费会继续带动消费增速，如果 2016 年网络消费总额占比增长幅度与 2015 年持平，那么网络消费对社会消费品零售总额的同比增速拉动将继续保持在 4.0 个百分点左右。

2. 社会保障体系完善

社会保障体系的建设将进一步带动消费整体的上涨，尤其是对贫困地区、城镇低收入人群的社会保障制度完善。十八大报告提出，到 2020 年全面建成覆盖城乡居民的社会保障体系。2012 年人力资源和社会保障部副部长胡晓义介绍，截至 2011 年年底，基本医疗，包括城镇职工医保、城镇居民医保、新农合，已全面建立并覆盖 13 亿人；城乡居民低保覆盖了所有省区市，实现了应保尽保。最后的攻坚点是基本养老保险。而在 2015 年 12 月下旬中央经济会议上提出，2016 年帮助企业降低成本，要降低社会保险费，研究精简归并"五险一金"。综合来看，我国社会保障体系已经基本建立，在 2016 年或将进一步完善，对消费增速起到一定程度的带动作用。

3. 全面放开二孩政策

根据粗略的测算，2016 年全面放开二孩政策或将拉动最终消费上涨 0.12 个百分点。其主要通过母婴产品、医疗、服务等几个方面拉动消费。

（二）抑制因素

我们认为 2016 年抑制消费增速增长的主要因素有：边际消费倾向递减、收入增速下滑、预期收入与就业风险增加。

1. 边际消费倾向递减

按照凯恩斯的理论，随着收入的增加，消费增加的幅度逐步递减。从真实社会消费品零售总额来看，2012 年增长 12.1％，2013 年增长 11.5％，

2014年增长10.9％，预计2015年将增长10.6％左右。虽然难以从逐年下滑的增速中剔除其他影响因素，但边际消费倾向递减将影响长期的消费走势。从表3—1可以进一步佐证，边际消费倾向递减抑制消费需求。从2005年开始城镇居民的可支配收入增速显著增长，同时带动消费增速上涨，而2011年以后，收入增速的增长对消费增速的影响开始变弱。

表3—1　　　人均可支配收入与社会消费品零售总额真实同比增长率（％）

年份	城镇居民家庭：人均可支配收入：真实同比	社会消费品零售总额：真实同比
2004 年	7.70	10.21
2005 年	9.60	12.00
2006 年	10.40	12.62
2007 年	12.20	12.48
2008 年	8.40	14.83
2009 年	9.80	16.95
2010 年	7.80	14.77
2011 年	8.40	11.60
2012 年	9.60	12.10
2013 年	7.00	11.50
2014 年	6.80	10.90

资料来源：北京大学经济研究所根据 Wind 资讯数据整理。

2. 收入增速下滑

经济增速的下滑必然伴随着工资增速的下降，居民收入增速下降对消费增速会产生负面影响。家庭收入增速的下滑将影响汽车、家电等商品的消费，也会拉低整体社会对非必需品的消费。

3. 预期收入与就业风险增加

一般情况下，经济增长与失业率成负相关，经济增长乏力将扩大就业压力，失业风险将会上升。失业风险增加导致的预期收入下降将造成当期消费支出的减少，尤其是奢侈品消费支出下降得将十分明显。

二、投资

（一）促进因素

1. 改革红利释放

结构性减税及行政审批加快等措施会降低企业成本，增加研发投资等意愿。2016 年将继续实施地方债务置换，缓解地方政府偿债压力，或将在更大程度上保证基建项目的落实。2015 年年末政府在融资改革方面做出了两项安排。第一，中央力量介入 PPP 项目的操作，设立中央层面的 PPP 融资基金平台，加大基建项目资金的可获得性，其对投资的带动作用在 2016 年初步显现；第二，设立"政府投资基金"，发挥政府在企业投资方面的引导和风险保障作用，以支持创新创业、中小企业发展、产业转型升级和发展及基础设施和公共服务领域的投资。预期 2016 年政府投资基金将出现财政资金的杠杆效应，增加企业和社会资本的投入。

2. 投资制度限制放松

进一步调低投资项目资本金比例，用于提升基建及相关制造业的投资增速。2015 年政府结构性再次调低资本金比例①，进一步发挥投资的带动作用，对城市和交通基建类项目的资本金比例下调 5 个百分点，产能过剩行业和电力项目维持不变。并且，明确城市地下管廊、城市停车场项目，以及经国务院批准的核电站等重大建设项目，可以在规定最低资本金比例的基础上适当降低。

---

① 自 1996 年设立固定资产投资项目资本金比例制度以来，进行了三次调整，分别是 2004 年、2009 年和 2015 年。2004 年为应对投资过热，普遍地把资本金比例调高。2009 年，为应对国际金融危机，促进投资，将资本金比例调低。

（二）抑制因素

1. 实体经济好的投资机会不足

2016 年中国宏观经济将延续下行趋势，房地产行业和工业部门分别处于去库存和产能过剩的调整中，同时，面临投资回报率下降的局面，企业投资意愿不足。

1）房地产去库存压力。

房地产业处于库存消化的压力下，房地产开发投资意愿下降。尽管在政策持续宽松下，房地产销售情况有所好转，但房地产开发投资先行指标却持续收缩，短期内房地产开发投资尚无回升迹象。虽然中央政治局会议及中央经济工作会议明确了住房改革与户籍改革方向，通过加快农民工市民化释放有效需求，化解房地产库存，但依照房地产周期，从建设投资到完成消化需要三到五年。在各项政策调控下，2016 年房地产销售情况或将继续好转，但房地产开发投资增速仍将收缩。

目前房地产市场处于调整期，房地产业的政策调整重心在于去库存。2014 年房地产销售开始出现负增长局面，随后房地产市场政策持续宽松，房地产交易契税税率调低 1%～2%、住房公积金借款额度提升并且放宽限制条件、二套房首付比例降低等措施陆续出台。尽管进入 2015 年第三季度以后，房地产销售情况好转，1—11 月房地产销售面积与销售额累计同比增长率分别为 7.4% 和 15.6%，涨幅较 1—10 月分别提升 0.2 个百分点和 0.7个百分点，但房地产去库存任务仍然较大。

受制于房地产行业的周期性调整，房地产行业去化压力大。目前房地产投资先行指标有走低趋势，2015 年 1—11 月，房地产开发企业房屋施工面积、新开工面积、房地产企业土地购置面积等指标不断收缩探底，对新投资的支撑不足。2015 年 1—11 月，房屋施工面积增长幅度进一步回落，累计同比增速下降至 1.8%；房屋新开工面积降幅进一步扩大，累计同比增速下降至 −14.7%；房地产开发企业土地购置面积累计同比也下降 33.1%。

预计 2016 年房地产开发投资增速会持续降低。由于房地产行业与上下游行业的关联性较大，比如钢铁、水泥等，其对固定资产投资的带动作用也将收窄。

2）工业领域产能过剩。

产能过剩仍然是 2016 年经济增长的一个抑制性因素。虽然中央政策引导落后产能淘汰的决心和力度一再加大，已经迫使企业削减关停落后产能，但过剩产能积累问题严重，并且新的行业领域产能消化问题还在不断形成和释放，供需矛盾增加，库存量大、市场价格走低使产能消化面临很大压力。大量库存和再投资、再生产的成本上升进一步导致企业利润空间缩小。因此，企业投资意愿降低，也将制约制造业的投资增速。虽然中央持续扩大减税力度，试图减轻企业资金压力，释放盈利空间，并且鼓励"创新"、"创造"引导产业结构升级，但制造业固定资产投资累计同比增速目前处于低位，反弹乏力。而且，工业利润的提升是企业投资的一个重要条件，这取决于创新能力和技术进步，工业利润在短时期内比较难出现较大逆转。因此，在去产能和化解库存的同时，2016 年制造业投资增速仍将呈现持续低位的局面。

2. 财政收入增速减缓

2016 年，基建投资成为政府稳增长的主要方向，但由于地方政府财政收入增速减缓的压力，支出能力不足。地方财政收入增速下降，制约财政支出对于基建投资的支持力度；新预算法将 11 项政府性基金纳入预算内，降低了地方政府在投资上的灵活性。2014 年以来，房地产进入去库存的周期性调整期，土地交易活跃度下降，作为地方政府预算外收入的国有土地使用权出让收入出现较大幅度萎缩，使地方政府财政压力增加，基建投资资金不足。

3. 财政政策传导机制转换的不确定性

官员考核机制的转变导致财政政策传导机制发生转换。地方政府官员 GDP 政绩考核激励弱化，地方政府财政竞争冲动减弱，并且地方债成为地方官员政绩考核指标，地方政府投资运作动力越来越多地受到制度规范化的制约。具体表现在以下两个方面：

一方面，地方财源配置未解决。受新预算法的影响，部分政府性基金纳入预算内，地方政府性基金收入出现大幅下滑，尤其是土地财政萎缩严重。在土地出让金收入萎缩的情况下，地方政府主体税源还未补位，近期房地产税制改革方面的安排提上日程，或许会使地方政府在收入来源上得到置换和保障，但是在房地产去库存压力如此严重的情况下，短期内对房地产税制的改革可能在实质力度上会有折扣，对地方财源的补位程度有限。

另一方面，地方融资通道转换未疏通。虽然地方债务置换、中央设立PPP 基金平台，为地方政府缓解资金压力、落实基建项目提供了更大的资金活动空间，但存量债务到期偿还挤占了地方政府用于新项目的资金量。此外，在 PPP 模式下，投资项目也面临着可能的产权界定问题、改革风险以及未来盈利能力不确定等，这将制约公私合营项目对社会资本的带动。

三、对外贸易

发达经济体经济复苏状况较好将在一定程度上缓解出口同比增速下行。国内经济下行压力依旧，对进口增速仍然产生了较大的压力。然而，大宗商品价格下降幅度的收窄将在一定程度上制约进口增速的进一步下滑。

（一）进口方面

1. 促进因素

大宗商品价格或将低位平稳上行，有助于在价格方面缓解进口同比增速进一步下滑。一方面，2015 年大宗商品价格走低幅度较大，进一步大幅度下行的空间较为有限。另一方面，欧美主要经济体经济表现的回升将在一定程度上托底大宗商品价格。

2. 抑制因素

国内需求低迷将继续抑制进口增速。目前中国经济依然处在调整结构和转换经济驱动力的过程中，短期来看，落后产能的进一步消化仍需要时间，低效益引致的投资乏力导致总需求走低。同时，在当前财政政策传导机制依然不顺以及地方财政束缚仍旧较大的情况下，进一步的"稳增长"政策快速落地仍然存在一定的难度。

（二）出口方面

1. 促进因素

发达经济体经济表现回升，外部需求收缩的态势有望获得一定程度的缓解，这将正向刺激 2016 年的出口增速。世界银行和 IMF 均预测 2016 年全球经济将有所复苏，其中，IMF 预测全球经济增长率为 3.4%。随着美国经济的复苏状态逐渐稳固，2016 年经济增长率将继续小幅增长。欧洲经济将努力消化欧债危机产生的负面效应，实现缓慢复苏。在此背景下，中国经济面临的外部环境将整体有所好转，有助于缓解出口增速下行压力。

人民币汇率水平存在向下调整的空间，有助于为出口创造更为有利的外部竞争条件。2015 年人民币汇率呈整体上行的走势，人民币有效汇率指数从 1 月份的 127.6 上涨到 11 月份的 131.8，增长 3.3%。12 月，美国进入加息调整阶段，引致部分国际资本向美国流动，人民币贬值程度增加，这将有助于提高出口商品的竞争优势，推动出口增速上升。

2. 抑制因素

发达国家经济体的复苏政策仍然存在风险。一方面，美国进入加息周期对本国经济和全球经济的影响仍存在很大的不确定性。另一方面，欧洲和日本经济的复苏同样面临挑战。尽管当前欧洲经济总体呈现温和复苏，但债务危机之后的量化宽松（QE）政策的力度把握需要后续的进一步检验。日本经济受制于个人消费疲弱的影响，复苏缓慢，仍然需要进一步的调整刺激加以巩固。

新兴经济体经济增长乏力，将制约出口增速。新兴经济体的经济走势出现分化，2015 年，印度保持较高的经济增速，而俄罗斯和巴西则陷入滞胀的泥潭。新兴经济体整体经济运行表现不佳，有可能抑制全球经济复苏，对中国的出口增速产生一定程度的负面冲击。

四、总体判断

总体而言，2016 年"三大需求"增长的抑制因素对总需求产生的"紧缩"效应将超过"三大需求"增长的促进因素对总需求产生的"扩张"效应，导致有效需求将进一步萎缩。在消费方面，尽管网络消费对总体消费增速起到一定的支撑作用，但经济下行导致的预期收入增速下降对消费增速的负向冲击则更为直接，再加上边际消费倾向的递减效应，使得消费将保持一个相对稳定的增长，消费增速出现明显上升的可能性不大。在投资方面，由于整体经济去产能、去库存过程延续，房地产和工业投资增速很难出现显著起色，同时财政政策传导途径的修复效果有限或将继续制约基建投资增速，导致投资增速将继续系统性下滑。在对外贸易方面，发达国家经济复苏将缓解外需下行压力，再加上人民币贬值有望提高出口商品的价格优势，预计出口的负增长态势将略有缓解。然而，在消费增速很难出现显著上升的情况下，出口增速回升不可能对冲投资增速系统性下滑所造成的总需求增速"收缩"。因此，2016 年中国经济仍然难改总需求萎缩的局面。

第4章
2016年中国总供给的自然形势展望

李 波

（北京大学经济研究所助理研究员）

展望2016年，中国经济的供给侧可能略显扩张。改革红利和结构红利的释放依然会促进总供给的扩张。能源等大宗商品价格低位运行（下降幅度有限）也将继续对总供给产生正向刺激。但是，劳动力成本上升、要素价格体系改革和环境治理力度加大等问题的进一步显现将增加国民经济中的生产成本，对总供给扩张产生一定程度的制约。

一、扩张供给的因素

（一）能源价格走低

我国作为全球能源进口大国和制造业大国，国际能源价格下跌有助于降低制造业成本，2016年原油、天然气等能源价格走势对总供给的影响明显。

　　判断未来能源价格走势仍然需要从供求两个层面进行分析。从供给层面看，预计美国原油库存持续增加，供给过剩持续；OPEC 也将提高产量上限，全球原油供给将进一步过剩。然而，尽管美国页岩油（气）产量近年来的突飞猛进使得美国目前有能力实现石油自给，但对某些常规区块开发、产量等有所限制，美国石油钻井数已降至逾 5 年低位，页岩油产量连续下滑可能缓解部分的原油供给过剩。同时，一些 OPEC 成员的石油出口仍有利润，"不减产"仍可持续，但中东局势的复杂化也将为油价走向带来更大的不确定性。从需求层面看，2016 年全球经济增长很难实现明显复苏。除美国外，欧洲和新兴经济体的 2015 年经济表现令人失望。欧盟注重新能源和可再生能源的发展，加上难民和恐怖活动对欧盟经济的负向冲击，预计 2016 年该地区原油需求仍然下降。同时，中国、巴西等新兴经济体经济增速放缓，能源需求也将疲软。此外，国际油价还与美元指数负相关。2015 年 12 月 17 日的美联储加息推高了美元升值预期，增加了原油等商品降价的压力。总体来看，2016 年国际原油价格将继续低位徘徊，油价走低可能成为新常态。

　　低油价将继续降低国内企业成本，对总供给形成良性的冲击。由于目前油价仍然处在低位水平，2016 年油价下行幅度将明显低于 2015 年，因此，由原油等大宗能源商品价格下跌产生的总供给良性冲击幅度将明显减弱。我们对 2016 年原油价格下跌对总生产成本、GDP 增速和价格水平上涨率的影响分别进行了定量预测。2016 年油价下跌对总成本的影响的测算仍然使用国民收入恒等式和宏观数据，结果发现，如果 2016 年国际原油价格下降幅度为 8%[①]，总生产成本将下降 0.2 个百分点[②]。我们基于总供给和总

[①] 我们 2016 年对国际原油价格走势的判断参考了国际能源署（IEA）发布的《世界能源展望 2015》，以及近期各机构对国际原油价格走势的预测。

[②] 测算方法与第 1 章中研究供给扩张所使用的方法相同。2016 年数据为预测值。预计国内原油现货（大庆）年均价格约为 43 美元/桶，WIT 原油现货年均价格约为 45 美元/桶。预计 2016 年人民币兑美元汇率为 6.9（见第 5 章第二节"货币金融自然走势"），原油对外依存度与 2015 年相同，为 60%，表观消费量同比增长率为 5.5%。我们假定，非能源成本同比增长率近似等于国内生产总值同比增长率，并设定国内生产总值同比增长率预测值为 6.7%。

需求框架，使用经济计量方法对 2016 年国际油价下跌对 GDP 增长率和价格水平上涨率的影响进行了定量预测。结果显示，2015 年国际油价下跌对中国经济仍然形成良性的冲击，油价下跌促使国内通货膨胀率下降，GDP 增长率上升。如果 2016 年国际油价下跌 8%，将促使 CPI 上涨率下跌约 0.1 个百分点，GDP 增长率增加约 0.05 个百分点。相比较于 2015 年，2016 年由于油价下跌产生的供给扩张程度将显著减小。

（二）结构红利

2016 年影响总供给的另一个促进因素为结构红利。随着资源配置效率的提高，要素的有效流动推动着经济结构的不断优化，生产要素从低技术进步率的行业向高技术进步率的行业流动，使得经济结构升级，实现行业生产率和技术进步率的增长。经济结构优化伴随着生产率的增长，将从供给侧对经济产生良性的冲击。

随着中国经济进入"新常态"，经济结构调整对经济增长的推动作用越来越明显。目前经济结构的优化表现为产业结构升级速度的提升。鉴于传统的两个支柱产业（传统制造业和房地产业）面临去产能化和去库存化，2016 年，一些新的支柱产业的迅速上升将从供给端给放缓的中国经济注入新的动力。生产性服务业是引导产业结构优化和升级的重要方式。随着经济的发展，服务业正在逐步成为推动经济发展的主导力量。此外，现代制造业和战略性新兴产业等这些以创新为动力的相关产业比重的提升也将对总供给产生良性的冲击。由此可见，伴随新支柱性产业获得崛起和产业结构的不断升级，2016 年结构红利继续释放将刺激总供给扩张，对经济增长具有良性的推动作用。

（三）改革红利

经济体制改革将继续释放增长的活力，对总供给继续产生良性冲击，推动经济增长。预计 2016 年，改革红利的释放主要体现在两个方面，一方面，激励"双创"、实施结构性减税和价格、财税改革等配套措施的改革效果显现。该方面的改革红利释放不仅直接地降低微观企业的成本、激发企业活力、继续刺激供给端的扩张，也有助于经济结构的升级，进而间接地促进结构红利的释放，对总供给产生双重的良性冲击。另一方面，政府体制改革、要素价格体系改革等改革红利的释放将继续压缩资源配置寻租空间，降低隐性交易成本，调动经济建设中各要素的活力，助推总供给良性扩张，继续推动经济增长。

二、抑制供给的因素

(一) 劳动力成本

人口红利的逐渐消失以及随之产生的劳动力成本上升将成为抑制总供给的主要因素。生产要素成本变化由两个因素决定：生产要素价格和生产要素的边际生产率。劳动力成本＝劳动力价格/劳动生产率。工资水平的上升不能完全说明劳动力成本提高，需要结合劳动生产率的变化来判断。如果工资水平的上升幅度小于劳动生产率的增加幅度，那么劳动力成本并未上升，反而下降了。在工资没有出现显著下降的背景下，如果生产效率的提高幅度低于工资的上涨幅度，会导致单位劳动力成本上升。"老龄化"导致劳动力供给下降，使我国长期以来所依靠的劳动力成本优势不复存在。

由于我国人力资本投资不足，劳动生产率增速缓慢，结合工资增速存在一定程度的刚性，劳动力成本出现明显的上升趋势。如图 4—1 所示，从 2008 年开始，随着平均工资不断提高，劳动力成本也随之增加。预计 2016 年劳动力成本将继续保持增长，在这种情况下，劳动力成本将保持上升的态势，这将增加企业成本，不利于供给端推动经济增长。

我们对单位劳动力成本上涨对总生产成本的影响进行了测算。由于劳动力成本是总生产成本的一部分，对于劳动力成本对总生产成本影响的测算采用的是结合国民收入恒等式和宏观数据的估算方法。测算结果显示，2015 年，单位劳动力成本增幅约为 0.6%，导致总生产成本增加 0.4 个百分点。预计 2016 年，劳动力成本的上升幅度可能为 0.2%，最终将致使总成本上升 0.1 个百分点。

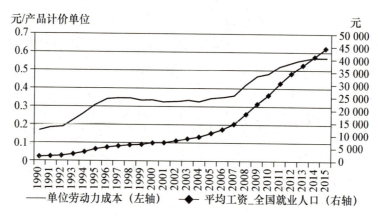

图 4—1 劳动力成本和平均工资走势

资料来源：北京大学经济研究所根据 Wind 资讯数据计算。

（二）要素价格体系改革

目前中国要素价格仍未完全实现市场化。长期以来国内要素价格偏低，不能真实反映市场供求程度，包括土地价格、能源价格和劳动力价格等均没有真正按照市场化的方式定价。偏低的要素价格导致要素使用效率较低，产能过剩严重，经济结构失衡。为了缓解经济结构失衡，削减过剩的产能，要素价格体系改革将成为 2016 年政府改革的重点。

从历史的低要素价格和要素供求现状来看，取消要素价格管制将导致要素价格上行，要素价格上涨迫使企业成本增加，企业将面临短期的痛苦调整。随着要素价格管制的放开，要素价格由内外统一的市场决定。根据一价定律，国内要素价格与国际价格将趋于一致，短期内国内要素价格将会出现快速的上升态势，将导致企业要素成本高企。尤其是在经济下行压力较大的背景下，高企的企业成本将在原本就已经下滑的营业收入中继续压缩利润，从而降低企业扩大生产和资本支出的根本动力，导致微观主体的活力进一步下降。

由此可见，尽管要素价格体系改革长期内会迫使企业节约要素使用，提高生产率，促使整个经济体系实现更为健康的发展，但在短期内，要素价格体系改革导致要素价格的明显上升，这将打压企业扩大产出的积极性，抑制总供给扩张，从供给端对经济产生负向冲击。

（三）环境治理力度加大

随着环境治理力度加大，环境标准的提高导致企业治污成本上升。长期以来我国资源使用效率低下，环境污染问题日趋严重。鉴于此，政府实施了一系列环境政策，提出如节能降耗和污染减排等约束性指标，环境标准不断提高。尤其是在当前空气质量持续恶化的背景下，治理雾霾的环境标准提升将通过增加企业治污成本的途径对经济产生较大的负面影响，特别是钢铁、水泥、焦炭等行业会遭受很大的冲击。环境标准的提高要求能源使用效率增加，能源使用效率的增加将通过两种途径显著地抬高企业生产成本，一是使用较高价格的优质能源，二是增加技术资金投入或者替换高成本的设备，这些都将间接地加重企业的要素成本负担，迫使企业缩减产能，抑制供给扩张。

三、总体判断

总体而言，2016 年总供给仍然会产生良性的扩张，但扩张幅度明显小于2015 年，呈现略显扩张的态势。尽管结构和改革红利的释放将继续正向刺激总供给，但这种正向刺激的效果很可能被劳动力成本上升、要素价格体系改革以及环境治理成本增加等负向冲击对冲。更为重要的是，2016 年能源类大宗商品价格下降幅度的明显缩小，将压缩由生产成本下降所产生的供给扩张空间，导致总供给扩张的幅度较为有限，或将出现中性偏扩张的态势。

第5章
2016年中国经济的自然走势展望

李 波 邢曙光

（北京大学经济研究所助理研究员）

一、需求萎缩，供给略有扩张

（一）经济形势预判

通过对需求端、供给端的促进因素和抑制因素的综合分析，可以预判，2016年中国经济形势将延续需求萎缩、供给扩张的态势，但供给侧的扩张幅度将明显小于2015年。因此，2016年的通货膨胀率将继续维持低位，由于需求萎缩和供给扩张的幅度相反，经济增长率将存在不明确性。

从需求层面看，2016年需求萎缩程度将大于2015年。消费增速的相对稳定将对总需求增速提供一定的支撑，但无法保证总需求以令人满意的速度增长。由于国内去产能过程的延续，工业投资增速持续低位，房地产投资增速在去库存压力下继续探底，基建投资的"逆周期"作用仍将受到财政政策传导机制不通畅的阻碍，投资增速或将继续系统性下滑。在对外贸易方面，随着美国进入加息周期，2016 年人民币贬值与中国长期形成的产业链低成本优势或将有利于出口增速上升。

从供给层面看，供给扩张的幅度将显著减小，总供给基本上是中性偏扩张的态势。假设 2016 年改革红利释放程度与 2015 年相同，那么从生产成本角度来看，尽管由于国际大宗商品价格的继续走低对总供给的冲击仍然是良性的，但国际油价的下降幅度收缩，将导致供给增速较 2015 年下降。

总体而言，2016 年，需求萎缩、供给略显扩张的状况将使得我国宏观经济继续面临下行压力。依据测算，综合考虑需求和供给的自然走势，我们预计，2016 年中国经济增长速度的自然走势将是继续下滑，在政府干预状况不变的情况下，中国 GDP 增长率可能降至 5.5%～6.0%。

（二）就业形势预判

2016 年，我国经济下行压力依旧，去产能等结构调整仍然面临诸多难题，国内有效需求和国外需求均显疲弱导致企业经营困难。同时，国有企业混业所有制改革过程中的合并重组可能引发新一轮的下岗裁员。这些因素将对就业构成威胁，或将引发新的失业问题。

第一，经济下行压力对就业产生的负面冲击存在时滞性，可能在 2016 年逐渐显现。目前，中国经济仍处于调结构、去产能的阶段，国内有效需求萎缩导致经济下行压力依然较大。2016 年经济增速的自然走势可能继续放缓至 5.5%～6.0%，延续 GDP 增速下滑的态势。鉴于经济增速对就业的影响可能需要一段时间显现，预计 2016 年的就业压力将较为突出。

第二，外部冲击或将对中国就业产生较为明显的负面影响。世界经济复苏缓慢，通过对外贸易间接地影响我国就业。2016 年世界经济复苏迹象仍不明朗，国际经济形势不乐观将负向冲击我国的对外贸易，导致外向型出口企业发展困难，吸纳就业能力下降。IMF 在 2015 年 10 月份发布的最新报告显示，2016年全球经济增长率为3.5％～3.7％，国际经济复苏乏力将促使国外需求也随之收缩。另一方面，随着中国经济下行压力的增大，越来越多的外资企业开始撤离中国。这些因素均会不同程度地造成失业人数增加，影响国内就业的稳定和增长。

第三，随着新一轮的国有企业混业所有制改革即将全面启动，企业重组等因素会引发失业人数的显著增加。一方面，国有企业改革可能产生的"下岗潮"是源于当前国有企业经营的现状。鉴于上一轮下岗裁员仍然没有解决国有企业机构臃肿、人员庞大的问题，本轮混业所有制改革将更加注重国有企业经济利益最大化的经营模式，那些没有能力、没有专长的人员将会在这轮改革中被裁掉。另一方面，在经济下行压力的影响下，国有企业也陷入了比较严重的发展困难，企业效益下降、经营困难、隐性失业大大增加，此轮国企改革在经济形势比较差的情况下进行，将使得隐性失业人员成为下岗"牺牲品"，不可避免地增加失业人员的数量。

尽管技术进步和产业升级将带来更多的就业机会，但人才结构矛盾凸显将会增加摩擦性失业。2015年以来，国家激励"双创"的力度不断加大，扩大针对中小微企业的减税幅度，以及逐步落实各项就业政策，这在一定程度上增加了劳动力就业的吸纳空间。然而，目前我国人力资本投资仍显不足，高技能人才依然短缺，创新性企业更偏向于吸纳高技术工人和高技能人才。人才结构矛盾的日益突出将缩小经济社会吸纳劳动力就业的空间，增加摩擦性失业。特别是在经济下行背景下，多数企业运行效益不佳，创新型中小微企业的就业吸纳能力也随之减弱。

基于上述分析，预计2016年中国可能面临就业困难。在经济下行压力较大背景下推行的国有企业混业制改革对就业产生的负向冲击效果或将显现。同时，随着我国适龄劳动人口比例的降低，每年需要解决的新增就业人数也将逐步减少。预计2016年全国城镇新增就业规模将维持在1 000万人左右，低于2015年的1 300万人。全国就业人口增速或将维持在0.34％左右，低于2015年约0.15个百分点。

二、货币金融自然走势

2016 年，在经济下行压力依然较大的背景下，人民币信贷难以实现明显扩张。结合美国进入加息周期，资本外流可能促使人民币贬值幅度增加，外汇占款继续较少，制约基础货币投放。综合人民币信贷和外汇占款的可能走势，货币供给量增速出现显著上升的概率不大。

（一）货币供应量

2016 年，货币供应量增速较难实现显著上升。原因有三。首先，基础货币投放受制。随着美国经济好转，美联储 2015 年 12 月中旬进行了小幅加息，中美利差缩小。同时中国加入 SDR 之后，央行汇率维稳动机消失，对人民币贬值的忍耐度增加。而且，2016 年经济下行压力依然很大，市场已形成货币宽松政策预期，人民币汇率仍将继续贬值。在这种情况下，资本将持续外流，外汇占款也将减少，从而制约基础货币投放。其次，货币乘数难现明显扩张。鉴于 2016 年人民币信贷难以实现扩张，货币信用创造也不会出现显著增长。最后，救市资金在逐步退出。随着股票指数回升，救市资金到期，救市资金正在逐步退出。如果救市资金全部退市，将导致 2016 年 M2 增速下降 0.5 个百分点。

（二）人民币信贷

目前的流动性是充足的，问题在于如何引导资金流向实体经济。预计 2016 年经济下行压力依然很大，人民币信贷仍然不可能大规模扩张。主要原因有两方面：一方面，从企业方面看，尽管名义利率水平很低，但 PPI 同比增速连续下降，真实融资成本仍然很高。在产能过剩情况下，投资收益下降，企业不愿贷款。另外，即使短期利率下降了，由于中长期债券市场不发达，阻碍利率由短期向长期传导，中长期融资成本仍在高位徘徊。

另一方面，从银行方面看，由于经济下行压力很大，企业违约概率上升，银行不良贷款增加，更加惜贷。地方政府、大型国有企业等一些市场主体占用着过多的金融资源，而中小型企业却难以获得资金。

地方债置换是影响信贷的另一因素。地方债置换通过两个渠道对信贷产生收缩作用：一是政府发债获得的收入归还贷款，减少新增贷款额度；二是政府一直是信贷大户，如果政府可以通过发债获得收入，就没必要借款。政府有了地方债置换来获得资金来源，意味着地方政府将减少向银行借款。财政部计划三年内置换地方债 15 万亿元左右，2015 年地方债置换 3.2 万亿元，对下半年的信贷收缩起到很大作用。预计 2016 年将有 5 万亿元左右的地方债置换，这将对信贷收缩产生很大影响。

根据以上分析，预计 2016 年上半年季节调整后的新增人民币贷款有所收缩。2016 年财政政策将更加积极，以政策银行为主的金融机构将发行大量金融债对基础设施建设提供融资，而金融债配套贷款，同时国资委加快处理"僵尸企业"，这将有利于信贷扩张。预计下半年季节调整后的新增人民币贷款将会有所回升。

（三）人民币汇率

2016 年，随着我国经济下行压力的延续，人民币将继续贬值，但出现"恶意"贬值的基础不存在。

在央行不干预的情况下，人民币汇率走势取决于中美利差。2016 年我国的货币政策仍保持稳健但灵活适度，为结构性改革营造适宜的货币金融环境。这说明央行既会维持一定的流动性，又不会过量放水，妨碍市场有效出清。同时，鉴于目前货币市场利率已比较低，降息空间有限。预计 2016 年可能有 2 次降息，将基准利率降至 1%。另一方面，预计 2016 年美联储加息四次左右，总加息幅度可能达 1%。因此，2016 年中美利差将继续缩小，人民币会继续贬值。

值得注意的是，尽管近几年我国经济增速持续下滑，但相对于世界其他国家，总体经济增长率水平仍然维持相对较高的水平。FDI 还会持续流入，贸易顺差也将保持。这意味着人民币需求仍然很大，人民币不存在"恶性"贬值的基础。此外，央行也会从金融机构和企业资产负债表恶化、吸收外资和人民币国际化进程等方面考虑人民币大幅贬值可能产生负面影响，不会放弃对外汇市场的干预。因此，人民币汇率会继续贬值，但幅度不会超过 10％。预计 2016 年人民币兑美元汇率可能贬值约 6％，汇率水平达到 6.9 左右。

第6章
2016年中国宏观经济政策展望

李波　胡慧敏　邢曙光

（北京大学经济研究所助理研究员）

一、宏观调控面临的问题

我国经济下行压力大，而宏观调控不管在货币政策、财政政策，还是改革方向上均存在一些问题。货币政策主要体现在边际效用递减，原因有四方面：中长期融资成本仍然较高，企业投资意愿不足；金融资源错配导致中小企业融资困难；汇率浮动空间较小导致货币政策不独立；数量型货币政策工具和实体经济的联系越来越弱。财政政策方面的主要问题是财政传导机制的不通畅以及财政收入增速的下滑导致财政政策受限。另外，中央政府在确定需求管理和供给管理政策孰轻孰重时目标不明确，造成经济主体预期混乱，预期的不确定性导致消费和投资出现延迟。

（一）货币政策边际效用递减

利用货币政策进行宏观调控越来越困难，货币政策的边际效用递减。原因有四方面：

1. 中长期融资成本仍然较高，企业投资意愿不足

目前流动性充足，货币市场利率处于近几年最低值，但由于中长期债券市场不发达，阻碍利率由短期向长期传导，中长期融资成本仍在高位徘徊。再加上，经济下行压力大，企业违约概率上升，银行不良贷款增加，企业想获得贷款将面临较高的风险溢价。同时，在产能过剩的情况下，投资收益下降，企业不愿借款。这都导致货币资金对实体经济支持不足，货币政策效果低于预期。

2. 金融资源错配

地方政府、大型国有企业等占用过多金融资源，中小企业难以获得融资。大量"僵尸企业"依靠政府支持，获得大量贷款，使金融资源不能有效利用。"僵尸企业"不仅妨碍市场有效出清，还导致金融资源错配，抑制了货币政策的作用。

3. 货币政策不独立

目前人民币汇率制度是有管理的浮动汇率制度，根据"不可能三角"，在允许资本流动条件下，我国的货币政策受到极大限制。宽松的货币政策将导致资本外流，人民币贬值压力增加。为了维持汇率稳定，央行将进行干预，使外汇占款减少，流动性收缩，限制货币政策的执行效果。

4. 货币供应量和信贷逐渐不适于作为货币政策中间目标

货币政策中间目标的选择有三个标准：可测性、可控性和相关性。金融创新使货币层次模糊，货币供应量不容易被监测。不断变化的货币需求、货币流通速度以及外汇占款等因素导致货币供应量难以控制。货币供应量和经济增长及通货膨胀的关系也在减弱。随着我国金融市场的快速发展，新的融资工具大量出现，直接融资占比不断提高，金融机构表外融资业务

不断扩大，信贷规模和经济变量的相关性也大大减弱。可见，数量型货币政策中间目标在可控性、可测性以及相关性方面都在弱化，这导致货币政策的有效性降低。

（二）财政政策传导机制尚未成功转换

在经济下行压力下，财政竞争减弱以及地方政府官员"不作为"导致财政政策传导机制不畅。同时，政府面临财税制度转型，财政收入下降，限制了政府支出。

1. 财政政策传导机制不畅

2016年的财政政策导向或将更加"积极"，适当扩大财政赤字规模，实行地方政府债务置换。此外，还进一步推进简政放权，简化优化审批流程，改进转移支付结构，提高一般性转移支付规模和比例。在财税制度、地方政府融资模式等一系列制度转型的背景下，尽管财政政策改革势头强劲，但由于财政竞争减弱以及地方政府官员消极、怠政、懒政等行为的影响，导致财政政策传导机制不畅，政府在基础设施投资方面没有发挥应有的作用。

2. 财政收入增速减缓，财政支出承压较大

财政收入增速减缓，政府支出受到很大限制，影响了财政政策发挥作用，这在地方财政问题上表现更为明显。2015年1—11月公共财政收入增幅收缩，并且地方政府财政收入累计同比增速下降幅度较大。由于房地产市场影响下的土地出让收入减少，地方财政收入增长动力不足。2015年土地出让收入持续出现负增长态势，1—11月国有土地使用权出让收入累计2.6万亿元，比2014年同期下降29.2%。在地方财政收入减速的情况下，新预算法的实施又限制了地方政府性基金经常性项目的支出，地方政府财政支出压力较大。在经济整体走弱的情况下，倒逼房地产税制改革和基建项目融资模式转变。

（三）改革方向不明确导致预期混乱

改革方向的不确定干扰了公众对未来经济形势和政策导向的判断，导

致微观主体的预期混乱，延迟了投资和消费。以往面临经济下行压力时，往往注重需求端对经济的拉动作用，忽视了供给端，这就形成了公众对供给端的理解不足。供给侧改革是从产业政策、宏观调控、财税制度、金融体系等层面给出改革的方向与重点领域。供给侧改革需要破除旧体制建立新体制，逐步调整产能过剩行业，实现产业升级；引导地方政府改变政绩竞争的发展模式，破除财政收支对预算外资金的依赖；改善企业融资环境，增强资金供给的稳定性和有效性。另外，供给侧改革方案、改革力度和实施顺序也未明确推出，迫使公众预期混乱，形成观望，影响供给侧改革的红利释放。

从近期的改革动向来看，供给侧改革方向不明，政策调控迟滞，影响投资预期。一方面，没有果断采取措施改善企业融资环境，减少企业融资成本，导致企业不愿借贷，同时银行也惜贷，抑制了企业投资。另一方面，由于地方考核机制改变，地方财政竞争减弱，地方政府处于观望状态，出现惰政、惰工现象，没有发挥政府在引导投资过程中的积极作用。在企业投资下降的情况下，居民预期收入也下降，进而抑制了消费。2016 年在宏观政策调控方面，需明确改革的方向，需求管理和供给管理受到同样重视的同时，应放出明确的改革信号，正确引导公众预期。

二、政策组合

鉴于 2016 年中国经济面临着需求萎缩、供给略有扩张的格局，宏观调控目标仍然是稳增长，调控政策将从需求管理的一维政策升级为同时进行需求管理和供给管理的二维政策体系。政策组合的选择将是以供给扩张为主的需求和供给"双扩张"，供给侧扩张的力度将大于需求侧。

需求管理政策内部的政策组合的总体思路将是更加积极的财政政策和稳健但灵活适度的货币政策。财政政策的力度将继续加大，通过减税、阶段性地提高财政赤字率，适当增加必要的财政支出和政府投资。稳健但灵活适度的货币政策旨在为结构性改革营造适宜的货币金融环境，这意味着

2016 年的货币总量调控政策的关注性减弱，更重要的是结构性调整。央行将在保持广义货币 M2 增长的情况下进行适当的调节，通过定向降准或者常备贷款便利（SLF）、短期流动性调节工具（SLO）、中期借贷便利（MLF）、抵押补充贷款（PSL）等定向工具支持流动性薄弱环节，同时结合利率、汇率政策的灵活调整体现出货币政策的灵活性。此外，其他宏观调控措施也将陆续实施以刺激需求，比如通过城镇化、户籍管理制度改革、发展住房租赁市场、鼓励开发商降价、取消过时的限制性措施等手段来扩大住房需求，化解房地产库存，通过创造有效供给来扩大消费需求，等等。

供给管理政策思路是总体扩张，但扩张中有紧缩。供给扩张的政策有：一是通过改革降低交易成本、削减企业税费负担、降低社会保险费压力等，帮助企业降低成本。二是通过支持企业技术改造和设备更新培育发展新产业，加快技术、产品升级，补齐软硬基础设施短板、提高劳动者对新的市场环境的适应性等，扩大有效供给。三是鼓励双创，改进资源配置，提高全要素生产率。同时，通过兼并重组和破产清算、严格控制增量等手段以供给紧缩的方式化解过剩的产能。

（一）需求管理政策

"稳增长"仍是 2016 年的首要目标，根据经济自然走势，2016 年货币政策整体上将保持中性，财政政策或将更加积极。在货币政策方面，稳健的货币政策要灵活适度，为结构性改革营造适宜的货币金融环境。央行一方面会通过"降准"对冲外汇占款的减少和救市资金退市导致的流动性收缩，另一方面又不会过量放水，妨碍市场有效出清。针对信贷不振，央行将通过定向降准或者 SLF、SLO、MLF、PSL 等多种工具进行定向注水，引导资金进入实体。人民币汇率浮动空间将继续加大，还将继续完善利率走廊，为货币政策转型做准备。在财政政策方面，在经济下行、企业投资意愿下降的情况下，政府将积极发挥作用。一方面政府自身加大财政支出，坚决处理"不作为"现象，改善财政政策传导机制；另一方面政府将进一步减税，改善企业融资环境，引导企业进行投资。

1. 货币稳健但灵活适度

2016 年货币政策整体上将是稳健的，但是会灵活运用各种方法保障结构性改革所需的货币金融条件。央行会力图保证金融市场流动性充裕，通过定向降准、降息或者 SLF、SLO、MLF、PSL 等多种工具进行定向注水以应对信贷不振。可能扩大人民币汇率浮动空间以应对货币政策不独立，减少外汇占款收缩对货币供给量的负向冲击。同时积极推进货币政策改革，鉴于货币供应量和信贷已不适于作为货币政策中间目标，货币政策工具将逐步由数量型转向价格型。

（1）定向释放流动性，引导资金进入实体。

人民币加入 SDR 之后，央行汇率维稳动机减弱。2016 年人民币汇率将继续贬值，外汇占款继续减少。随着 IPO 重启，股指回升，救市资金缓慢退出。为了对冲外汇占款的收缩及救市资金退市导致的流动性减少，央行可能多次"降准"。同时，鉴于 2016 年上半年经济下行压力依然很大，信贷难以扩张，在流动性充裕的情况下，央行可能通过定向降准，或者通过 SLF、SLO、MLF、PSL 等多种工具进行多次小剂量定向注水，引导资金进入实体。

（2）扩大人民币汇率的浮动空间。

资本流动自由化是大趋势，根据三元悖论，为了保证货币政策的独立性，央行或将继续扩大人民币汇率的浮动空间。"8.11"人民币汇率中间价报价机制改革意味着人民币汇率进一步加大浮动。2015 年 12 月 11 日，中国外汇交易中心发布 CFETS 人民币汇率指数，这可能暗示人民币将与美元脱钩。需要注意的是，鉴于"不可能三角"不只存在角点解，也可以存在内点解，短期内我国可能在资本流动、汇率稳定及货币政策独立之间找到一个均衡作为过渡，央行不会完全放弃对外汇市场的干预。

（3）货币政策工具逐步由数量型转向价格型。

货币供应量和信贷与经济指标的关系越来越弱，已不适于作为货币政策中间目标。相比数量型中间目标，利率更容易观测和控制，和经济指标的联系也更紧密。我国适合通过利率走廊控制基准利率。相比公开市场操作，利率走廊成本更低，也不需要发达的债券市场。我国央行有意选择 SLF 作为利率走廊上限，但是该工具期限为 1～3 个月，对于利率走廊来说过长，可考虑 SLO。利率走廊下限可以使用超额存款准备金利率，但是该利率过低，会导致利率走廊过宽，未来可以采用更合理的工具。短期基准利率确定之后，金融市场发达国家可以通过短期利率影响长期利率。我国金融市场短期和中长期利率之间传导不畅，可以通过 MLF、PSL 等工具引导中长期利率，同时积极培育中长期债券市场。2016 年央行会不断调整利率走廊上限，缩窄利率走廊，为以后货币政策转型做准备。

总体而言，剔除救市资金因素后，各季度 M2 稳定增长。2016 年人民币将继续贬值，外汇占款继续减少。随着 IPO 重启，股指回升，救市资金缓慢退出。为了对冲外汇占款的收缩及救市资金退出导致的流动性减少，2016 年可能有 4～6 次"降准"。由于我国利率市场化已基本完成，而且货币市场利率已比较低，"降息"只有政策指导意义。另外，在美联储加息条件下，"降息"将会导致资本加速外流。预计 2016 年可能有 2 次左右"降息"。

2. 财政扩张

在经济继续下行的背景下，政府将继续实施积极的财政政策，并加大财政政策力度。通过增加财政支出、减税等扩张性的财政政策刺激总需求，引导投资，缓解投资增速系统性下滑的状况。同时，在必要的时机，阶段性提高财政赤字率，适当增加财政支出和政府投资，保障政府应该承担的支出责任。

（1）政府加大财政支出。

2016 年，基建投资将成为政府"稳增长"的主要方向，但由于政府财政收入增速减缓的压力，财政支出能力可能略显不足，疏通财政政策传导机制势在必行。首先，尽快完善地方财政融资平台，一方面，将继续执行地方债务置换计划，减轻地方债务负担；另一方面，推进 PPP 基金平台项目的落地，为地方政府落实基建项目实施提供更大的资金活动空间，扩大政府支出对社会资本的引导和带动。其次，保障地方收入来源，从土地财政依赖向更具持续性的主体税源过渡，在土地出让收入萎缩的情况下，房地产税改革提上日程，预计在合并房地产保有阶段税收的基础上，会考虑将部分住宅纳入征税范围，扩大房地产税收的税基，这将会在一定程度上使地方政府在收入来源上得到置换和保障。此外，还需加大处置地方政府"不作为"现象，同时中央将进一步清理上缴沉睡财政资金，通过优化财政支出结构，提高资金使用效率，充分发挥积极财政政策的作用。

（2）减税引导企业投资。

2016年将对小微企业和中小企业加大减税力度，以缓解产能过剩、收益减少以及融资成本较高所形成的企业投资动力不足。具体减税措施如表6—1所示。同时，政府还将设立投资基金，用于支持创新创业、中小企业发展、产业转型升级和发展以及基础设施和公共服务领域。

（3）提高财政赤字率。

由于实体经济投资机会不足，财政主导的基建投资将成为稳定增长的主要调控方向。然而在地方政府财政收入增速放缓，减税政策带来中央和地方财政收入减少，以及地方政府税源萎缩和财政传导机制尚未成功转换的情况下，积极的财政政策需要进一步加大力度。2016年财政赤字率可能分多次进一步提高，突破3%，甚至更高。

表6—1　　　　　　　　　　财政税收方面可能的改革措施

财政政策	2015年，财政政策基调积极，但执行受阻。由于财政收入增长萎缩，预算外收入（主要是土地出让金）大幅减少，加之新预算法的实施，以及地方政府债务转换等新旧机制的转换，在地方政府层面出现财政政策传导不畅，基建项目落实延迟。 2016年，政策方向应是将更加积极，可能扩大财政赤字（3%以上）。由于财政收入缩减，政府尝试建立新的机制，进一步加大地方政府债务置换（未来3年将陆续实现近15万亿元的置换额度），并促使PPP项目以及政府投资基金等创新的融资方式发挥作用。目前来看，主要目的还是在于发挥基建投资方面的逆周期调节作用，加大财政支出投资的带动作用。 对于财源财力不足的省份，可能进一步加大转移支付力度。

结构性减税	不大可能扩大减税范围，主要还是针对小微企业和中小企业的减税。主要是考虑到征税成本、企业再生产压力，小微企业减税进一步加大力度：一是从 2015 年 10 月 1 日起到 2017 年底，依法将减半征收企业所得税的小微企业范围，由年应纳税所得额 20 万元以内（含 20 万元）扩大到 30 万元以内（含 30 万元）。二是将月销售额 2 万元至 3 万元的小微企业、个体工商户和其他个人免征增值税、营业税的优惠政策执行期限，由 2015 年底延长至 2017 年底。到 2017 年底，对金融机构与小型、微型企业签订的借款合同免征印花税。
个税改革	前期改革基础：2006—2011 年全国人大通过立法三次提高工资薪金所得费用扣除标准，即提高个税起征点。 个人应缴税的所得有 11 种，分别是工资薪金所得，个体工商户生产、经营所得，对企事业单位的承包经营、承租经营所得，劳务报酬所得，稿酬所得，特许权使用费所得，利息、股息、红利所得，财产租赁所得，财产转让所得，偶然所得，经国务院财政部门确定征税的其他所得等。 未来改革方向为综合个人所得税制，并非再次提高起征点，而是建立一个更加公平、科学、合理的个税制度。建立综合与分类结合的个税制度，未来可能以家庭为单位征收（但需要深入研究）。
环境保护税	《环境保护税法》有望在 2016 年上半年通过，由环境保护费改为环境保护税。对高能耗、高污染行业会有较大的影响。标准很有可能高于排污费，可能混合转换对接。
房地产税制改革	房地产税制度改革进程提前。 可能主要在于向地方政府提供可靠充足的税源，以替换土地出让金在地方政府筹集财政收入方面的作用。 可能合并房产税与城镇土地使用税，整合房地产相关的其他税收。目前住宅免收房产税，城镇土地使用税按面积征收。未来可能对一部分住宅征收房产税，扩大税基。 在土地增值税的征收方面规定整体改建、国有房地产作投资、企业合并、企业分设等四种情况暂不征收。另外，为刺激房地产市场消化库存，2015 年契税税率有所下调：个人购买家庭唯一普通住房，90 平方米以下税率为 1‰；90～144 平方米税率为 2‰；144 平方米以上的为 4‰。购买非普通住房、二套及以上住房，以及商业投资性房产（商铺、办公写字楼、商务公寓等），均按照 4‰的税率征收。已经有一些地方政府在此基础上采取了进一步的优惠措施，补贴 50‰的契税以刺激居民购房。契税方面的税率设定有可能进一步下调和扩大优惠范围，以消化库存。随着土地确权制度的改革，农村集体用地、耕地方面相关的税收也可以调整，可能合理提高税率。

车辆购置税	1.6L 以下，税率减半，降至 2.5%，主要是促进汽车库存消化，并促进企业资本的收回。
关税	中韩自贸协定在 2015 年 12 月 20 日生效后，短期内将实施两次降税：在 12 月 20 日生效当天实施第一次降税，在 2016 年 1 月 1 日实行第二次降税。2016 年关税调整方案：生铁出口减税，磷肥免收等。 进出口双向都可能进一步扩大减税力度。
资源税	与环境保护税相关的《环境保护税法（征求意见稿）》已经出台，有望在 2016 年开征；在资源税方面，继煤炭、稀土、钨、钼等资源税完成从价计征的改革后，2016 年资源税可能扩大从价计征的范围。这些措施将会对采矿业和制造业产生影响，有可能加速产业结构调整。

（二）供给管理政策

短期内，中国宏观经济运行面临内需与外需双疲软的困境。货币政策和财政政策传导机制受阻导致需求管理政策的边际效用递减、效果低于预期。宏观调控政策从供给管理方面刺激经济或将收到较为明显的效果。从中长期考虑，目前中国经济处于中高速增长阶段，以供给管理政策调动各种生产要素的积极性，可以优化资源配置，促进产业升级，提高全要素生产率，有助于经济走出"中等收入陷阱"。鉴于 2016 年中国经济出现的供给略显扩张、需求继续萎缩的自然走势，预计宏观调控政策将在适度扩大总需求的同时，着力加强供给侧的结构性调控。供给管理政策将注重两个层面：一方面通过降低成本、扩大有效供给和鼓励创新以扩张总供给；另一方面，通过兼并重组和破产清算、严控增量等手段消化过剩产能、限制无效供给。具体表现为：

1. 降低企业成本，刺激微观主体的经济活力

降低实体经济企业成本将注重降低企业的制度性交易成本、税费负担、财务费用等，同时也关注减轻企业缴纳的社保费用。可能采取的改革措施有：第一，适时实施减费、减税政策，减轻企业的税费负担，使其能够有效抵御新常态下成本上涨的风险，同时对创业者实施税费减免来促进创业。

第二，重视税收体制改革，从减轻企业负担和清理不合理的收费方面考虑，进一步推动政府职能的转变，减少政府的过度介入，积极推进全国统一的市场体系的建立。第三，推进税制改革，减轻服务业税收负担，促进服务业加快发展。在减轻企业税负的同时，进一步清理、规范涉企行政事业性收费，优化企业生产经营环境，创造更多的就业机会。第四，解决金融供给结构与融资需求不匹配问题，促进资本市场直接融资功能的上升，降低企业融资成本，增加金融支持实体经济的能力。

2. 构建"有效供给"平台

采取的具体措施有：第一，解除制度瓶颈，盘活要素存量，并激发创新、创业、创造的潜力和动力，支持企业技术改造和设备更新，促进产品的优化升级，培育发展新产业，加快技术、产品、业态等创新。第二，补齐软硬基础设施短板，从收入分配、企业生产能力、软硬件基础设施等方面加大投资，调动微观主体积极性、主动性、创造性，提高劳动者对新的市场环境的适应性，为经济增长注入新的动力。第三，注重高水平的双向开放，转变对外贸易发展方式，通过产品升级，以优秀的产品撬动外部需求，改变当前出口需求减弱的现状。

3. 鼓励"双创"，改进资源配置，提高全要素生产率

通过生产要素市场化改革，发挥市场配置资源的决定性作用，使得资金、能源、劳动力等生产要素的价格能够充分反映其社会边际成本。充分发挥政府矫正市场失灵的作用，通过使负外部性内部化的政策，促使总供给在理性的生产决策下与社会总有效需求相一致。同时，通过全方位的创新，包括制度、理论、技术、模式等创新，提高生产率，推动产业转型升级，如"中国制造2025"、"互联网＋"等。

4. 化解产能过剩，抑制无效供给

当前的产能过剩一方面体现为有效供给不足，另一方面体现为无效供给过剩。让过剩产能出清的方法有很多种，以企业破产和兼并重组以及控制增量较为常见。通过推进市场化的兼并重组，坚决淘汰"僵尸企业"，让

优势企业发挥主导作用，对生产力进行重新整合，促进产业升级，提升整个产业的供给效率。此外，也将严格控制增量，防止新的产能过剩出现。

可以预期的是，2016 年供给管理的力度将明显强于往年，对宏观经济将形成良性的供给刺激。短期内，供给管理政策将有助于解决我国目前的产能过剩和经济结构失衡问题，为经济平稳较快增长奠定基础。同时也为提高环保标准、加快要素价格市场化等对宏观经济具有紧缩性的改革提供了很好的机会和很大的空间。

第 7 章
总　结

李　波　蔡含篇
（北京大学经济研究所助理研究员）

展望 2016 年，中国宏观经济仍然表现为经济下行压力依旧、通缩风险持续。从总需求层面看，固定资产投资增速的持续系统性下滑将继续增加有效需求疲软的压力，由于边际消费倾向递减效应的存在使得消费支出对经济增长的进一步拉动作用有限，加之外需依然存在不确定性，总需求萎缩幅度仍然较大。从供给层面看，能源类大宗商品价格下降幅度的明显缩小，导致生产成本下降对总供给的良性刺激幅度显著缩减。因此，整体经济自然走势将面临需求萎缩、供给略显扩张的局面。

考虑到经济下行的压力依然持续，预料政策面会有新举措，宏观经济政策目标依然是将"稳增长"置于首位。在宏观调控中将综合运用需求管理和供给管理，实施以供给侧扩张为主的需求、供给双扩张的政策组合，在需求方面采取适度扩张，在供给方面则扩张力度较大。需求管理政策内部的政策组合以更加积极的财政政策搭配稳健但灵活适度的货币政策。财政政策的力度将继续加大，稳健但灵活适度的货币政策旨在为结构性改革营造适宜的货币金融环境。供给管理政策思路是通过降低企业成本、扩大有效供给、鼓励创新、兼并重组和破产清算来促进经济供给能力的提升，缓解经济下行压力。

结合2015年宏观经济的自然走势和宏观调控政策的加码，我们的基本预判是（见表7—1）：2016年经济增长速度将低于2015年0.2至0.3个百分点，GDP增长率可能为6.7%，CPI上涨率约为1.5%。实体经济部分的工业、三大需求的月度同比增长率仍将继续低位徘徊，出现逆转势头的概率不会太大，预计工业增加值、固定资产投资、社会消费品零售总额、出口和进口的全年增速分别为5.5%、9.5%、10.7%、4.5%和2.5%；PPI仍难改负增长的局面，预计PPI增长率约为-3.5%。货币供给量保持稳定增长，预计M2增长率约为12.6%，银行体系内充裕的可贷资金支持信贷增速平稳，预计人民币贷款余额增速保持在14.0%左右，新增人民币贷款约为9.7万亿元。

表7—1　　　　　2016年宏观经济指标预测

	2015年	2016年预测	2016年第一季度	2016年第二季度	2016年第三季度	2016年第四季度
经济增长						
GDP当季同比（%）	6.9	6.7	6.7	6.7	6.6	6.8
工业增加值同比（%）	6.1	5.5	6.1	5.5	5.2	5.3
固定资产投资累计同比（%）	10.0	9.5	10.4	10.1	9.8	9.5
社会消费品零售总额累计同比（%）	10.7	10.7	10.2	10.4	10.6	10.7
出口同比（%）	-2.9	4.5	3.0	4.4	5.5	5.7
进口同比（%）	-14.2	2.5	1.2	2.5	3.0	3.4
贸易差额（亿美元）	5 930	6 550	1 350	1 500	1 800	1 900
通货膨胀						
CPI同比（%）	1.4	1.5	1.4	1.5	1.2	1.8
PPI同比（%）	-5.2	-3.5	-5.3	-4.2	-2.8	-1.7

续前表

	2015 年	2016 年 预测	2016 年 第一季度	2016 年 第二季度	2016 年 第三季度	2016 年 第四季度
货币信贷						
M2 同比（%）	13.3	12.6	13.3	13.3	12.5	12.6
人民币信贷同比（%）	14.3	14.0	14.4	14.5	13.8	14.0
新增人民币贷款（万亿元）	11.7	9.7	2.8	2.4	2.3	2.2

资料来源：北京大学经济研究所。

第二篇 》》》
2016 年中国企业走势前瞻

第8章
主动适应新常态 实现持续转型升级

胡 迟

（国务院国资委研究中心研究员）

一、2015 年中国经济增长与企业经营回顾

2015 年是"十二五"规划的收官之年，也是我国经济持续转型升级的重要一年。我国经济增长依然面对复杂的国内外经济环境和不断加大的下行压力，处于"三期叠加"特定阶段的中国经济延续了"十二五"以来增速缓慢回落的态势。上半年与前三季度 GDP 增长率分别为 7.0%、6.9%，分别比上年同期回落 0.4、0.5 个百分点，其中，第一季度、第二季度、第三季度分别增长 7.0%、7.0%、6.9%。规模以上工业增加值上半年与前三季度分别增长 6.3%、6.2%，分别比上年同期回落 2.5、2.3 个百分点，工业经济的回落速度大于宏观经济的下降幅度。物价涨幅进入"1 时代"，

继续保持低通胀的温和水平。上半年与前三季度 CPI 分别上涨 1.3%、1.4%，涨幅比上年同期分别回落 1.0、0.7 个百分点。与此同时，我国经济一直处于转型升级之中，经济结构不断优化。从前三季度数据看，主要表现在：一是第三产业比重持续提高，第三产业增加值占 GDP 的比重为51.4%，比上年同期大幅提高 2.3 个百分点，高于第二产业 10.8 个百分点，由工业主导向服务业主导转变的趋势更加明显。二是工业内部结构调整加快，新产业、新业态、新产品加快孕育。高技术产业增加值增长速度达到10.4%，比规模以上工业增长速度高出 4.2 个百分点。以 IT、医药、仪器仪表为代表的新产业正逐步替代煤炭、钢铁、有色、水泥等资源密集型的传统产业，成为经济增长的主要引擎。从消费看，前三季度，网上零售额增长将近 40%。通信、电子商务等信息消费继续成为新的经济增长点。三是节能降耗取得新进展，资源环境成本消耗继续下降，上半年与前三季度，单位 GDP 能耗分别同比下降 5.9%、5.7%，下降幅度分别比上年同期增加1.7、1.1 个百分点，"十二五"规划的节能减排目标预计可以实现。四是就业形势良好，上半年与前三季度，城镇新增就业人数分别为 718 万人、1 066 万人，与 2014 年一样，前三季度新增就业超额完成全年计划目标。前三季度，中国新登记企业 315.9 万户。时至年末，国内外大多数机构预计2015 年中国经济增速将保持在 6.6%～6.9% 的合理区间。中国企业家调查系统新近发布的《2015·中国企业经营者问卷跟踪调查报告》显示，企业经营者预计 2015 年我国 GDP 增速的中位数为 6.8%，同比下降 0.4 个百分点，其中预计 GDP 增速在 "6.5% 以下" 的占 27%，"6.5%～7%" 的占62.2%，"7%～7.5%" 的占 7.6%，"7.5% 以上" 的占 3.2%；总的来看，2015 年的中国经济继续处于增速趋向潜在水平、物价涨幅趋于适度、新增就业趋于稳定、结构趋于优化的新常态。

从企业层面看，在经济增长下行与结构转型的背景下，有关调查显示，企业产销增长持续下滑，价格持续下跌，去库存化仍在继续；但由于原材料成本下跌和创新成效渐显等因素的影响，企业盈利基本平稳。总体来看，

2015 年以来企业景气温和回落，结构分化十分明显，《2015·中国企业经营者问卷跟踪调查报告》显示，认为综合经营状况"良好"的企业经营者占23.6%，认为"一般"的占 54.8%，认为"不佳"的占 21.6%；认为"良好"的比认为"不佳"的多 2 个百分点，这一数据略低于 2013 年和 2014 年的调查结果，但仍好于 2009 年第一季度和 2014 年上半年的调查结果。企业经营主要呈现三大特点与问题。

一是企业利润负增长。1—10 月份，全国规模以上工业企业实现利润总额 48 666 亿元，同比下降 2%。分所有制看，国有控股企业实现利润同比下降 25%；分行业看，在 41 个工业大类行业中，30 个行业利润总额同比增长，11 个行业下降。交通、电力、电子和轻工等行业实现利润同比增幅较大；石化、石油和建材等行业实现利润同比降幅较大；钢铁、煤炭和有色行业继续亏损。《2015·中国企业经营者问卷跟踪调查报告》显示，对于"当前企业经营发展中遇到的最主要困难"的问题，回答"企业利润率太低"的占 40.8%，排在第 4 位。

二是企业成本持续上升，特别是人工成本和环保支出上升较多，企业税收负担和非税费用也有所增加。《2015·中国企业经营者问卷跟踪调查报告》表明，关于"当前企业经营发展中遇到的最主要困难"，选择比重最高的两项分别是"人工成本上升"（71.9%）和"社保、税费负担过重"（54.7%），其中"人工成本上升"近年来一直排在所有 19 个选项的第一位，2015 年，该问题的选择比重有所降低，但也超过七成，而选择"社保、税费负担过重"的比重比 2014 年还略有上升。2011—2014 年，最低工资标准一直保持两位数的上调幅度。2015 年以来，已经有 26 个省市自治区陆续调整了最低工资。随着最低工资调整节奏加快，西部一些地方的最低工资标准甚至超过了东部省份。

三是淘汰过剩产能继续推进，部分行业产能过剩问题依然突出。经考核，电力、煤炭、炼铁、炼钢等 18 个行业均完成了 2014 年淘汰落后和过剩产能的目标任务。2015 年政府工作报告提出，继续化解过剩产能，钢铁、水泥等 15 个重点行业淘汰落后产能的年度任务如期完成。工信部于 2015 年 9 月下达了 2015 年重点行业淘汰落后和过剩产能企业名单，但部分行业产能过剩问题依然突出。工信部有关人士坦承，当前经济运行中一个突出的问题，就是产能过剩问题比较突出。经济运行中存在的一些困难问题，都和产能过剩有直接的关系。一些行业产能严重过剩，导致产品价格持续下降，企业效益下滑，有的行业甚至陷入全行业亏损，如 2015 年第三季度钢铁行业销售利润率仅为 0.05%，利润总额同比下降 97.5%，企业亏损面接近 50%。《2015·中国企业经营者问卷跟踪调查报告》显示，企业经营者选择"整个行业产能过剩"的占 41.2%，位列第三，其比重居近 5 年来的最高值之列。该调查了解了目前不同行业企业产能过剩的具体情况。调查结果显示，认为本行业产能过剩"非常严重"的企业经营者占 16.1%，"比较严重"的占 58.6%，两者合计比重比 2014 年上升了 0.7 个百分点，为近 4 年来的最高值；认为"基本不存在"的占 25.3%。工信部表示，化解产能是一个长期艰巨的过程。从现在起，包括"十三五"，要采取五方面步骤积极推进化解产能。一要严控新的产能；二要加快淘汰落后产能；三要坚持推进兼并重组；四要扩大国内有效需求；五要加强与周边国家、新兴国家的合作，鼓励优势企业"走出去"。

二、2016 年中国经济运行与企业走势前瞻

2016 年是"十三五"规划的开局之年。2015 年 12 月 14 日召开的中央政治局会议提出，要适应经济发展新常态，坚持稳中求进总基调，保持经济运行在合理区间，着力加强结构性改革。展望 2016 年，从积极因素看，我国经济长期向好的基本面没有改变，我国在总体上仍然处于一个发展的战略机遇期，发展的韧性、空间、动力在客观上仍然具有支撑经济实现中高速增长的基本潜力和条件。十八届三中全会确定的全面深化改革各项举措逐步落地生效，必将有力地、明显地释放经济内在增长动力和激发市场

主体的活力。从不利因素看，我国经济运行中周期性因素和结构性矛盾都仍然比较突出，部分行业去产能减亏损、部分企业去库存增投资、部分金融机构和上市企业去杠杆控风险等方面的任务依然十分艰巨。国际上，世界经济仍将延续温和低速增长态势，国际经济环境依然复杂多变。IMF 2015 年秋季报告预计，2016 年世界经济将增长 3.6%。发达国家保持温和复苏态势，新兴和发展中经济体经济仍存下行压力；全球贸易略有改观，但增速仍然较低。各种经济因素与非经济因素相互交织等外部环境，都会对我国经济发展产生重大不利影响。《2015·中国企业经营者问卷跟踪调查报告》显示，企业经营者预计未来我国经济增长的下行压力较大。预计 2016 年我国 GDP 增速的中位数为 6.5%，比对 2015 年的预计下降了 0.3 个百分点，其中预计 GDP 增速在"6.5%以下"的占 37.2%，"6.5%～7%"的占 46.1%，"7%～7.5%"的占 9.8%，"7.5%以上"的占 6.9%。2015 年 12 月，国家信息中心预计 2016 年我国经济增长将呈现逐步企稳、小幅回升态势，GDP 将增长 6.5%以上。2015 年 10 月，IMF 发布《世界经济展望》报告称，2016 年中国经济增长将放缓至 6.3%，相较 2015 年下调 0.5%。

对企业来说，在经济新常态下，2016 年企业经营面临的各种环境因素与 2015 年、2014 年基本相似。《2015·中国企业经营者问卷跟踪调查报告》显示，关于当前企业经营发展中遇到的最主要困难，企业经营者选择比重最高的 8 项依次是："人工成本上升"（71.9%）、"社保、税费负担过重"（54.7%）、"整个行业产能过剩"（41.2%）、"企业利润率太低"（40.8%）、"资金紧张"（37.9%）、"缺乏人才"（32.8%）、"国内需求不足"（29.4%）和"未来影响企业发展的不确定因素太多"（22.7%）。相比 2014 年，"人工成本上升"项略降 4.1 个百分点；"社保、税费负担过重"项提升 0.2 个百分点；"整个行业产能过剩"项下降 0.2 个百分点，其比重仍然在近 5 年来的最高值之列；"企业利润率太低"项持平。排在前 4 项的选择充分反映了中国企业现阶段成长的态势。优化调整结构、持续转型升级仍然是中国企业重要的战略选择。企业在 2016 年的经营走势会表现出以下六个方面的特征。

（一）经营状况稳中略降

在"三期叠加"的新常态下，企业经营走势将与 2016 年宏观经济走势密切相关，也将基本沿袭 2014 年与 2015 年企业的走势。其增长幅度同样呈现出稳中略降的态势，但仍然处于合理区间内。作为"十三五"规划开局之年，2016 年规划中的重大建设项目将逐步启动，给企业带来许多投资机会。增加投资的利好因素有：一是专项建设基金投放，通过直接注入项目资本金，支持重大交通、水利等基建项目。二是扩大固定资产加速折旧的优惠范围，将提高轻工、纺织、机械、汽车等四个领域重点行业的新增投资意愿。三是国家降低企业债发行门槛，允许借新还旧，简化审核审批程序，扩大企业债券融资规模。从市场面看，随着市场化改革的不断深化，简政放权、放管结合、优化服务以及不断释放改革红利，将会降低政府的服务成本，逐步提升市场活力，使政府对企业的经营活动提供有效服务。此外，企业也存在投资意愿不足的情况。一是受国内外市场需求疲软、部分行业产能严重过剩、各类要素成本不断攀升、环保约束压力逐渐加大、工业品价格持续走低等因素影响，企业盈利能力不足。二是实体经济信贷投放仍然比较低迷。受不良贷款上升以及缺乏好的投资项目的影响，银行惜贷慎贷现象比较明显，特别是中小企业融资成本高的问题没有得到根本解决。

《2015·中国企业经营者问卷跟踪调查报告》显示，企业经营者对未来企业综合经营状况持谨慎乐观态度。企业经营者对 2016 年的预计比对 2015 年第四季度的预计乐观。调查结果显示，预计 2016 年经营状况"好转"的企业经营者占 37.4%，预计"不变"的占 47.2%，预计"恶化"的占 15.4%；预计"好转"的比"恶化"的多 22 个百分点，这一数据比对第四季度的预计上升了 8.5 个百分点。从不同地区看，中部地区企业预计"好转"的比"恶化"的多 30.8 个百分点，高于东部和西部地区企业。从不同规模看，中小企业对 2016 年更为乐观。从不同经济类型看，民营企业预计"好转"的比"恶化"的多 22.5 个百分点，相对乐观。从不同行业看，对 2016 年预计较为乐观的行业有：信息传输软件和信息技术服务业、住宿和餐饮业以及食品制造业等，预计"好转"的比"恶化"的多 40 个百分点以上，而服装、化纤、橡胶塑料、钢铁、金属制品、通用设备和汽车等行业则相对较差。该调查还了解了"十三五"期间企业经营者最看好哪些行业的发展前景。调查结果显示，企业经营者最看好的六个行业依次是："养老"（50.3%）、"旅游休闲"（43.1%）、"互联网及 IT 服务"（37.2%）、"医药"（33.7%）、"新能源"（33.1%）和"环保"（32.8%）。

（二）步入创新发展的轨道

当前，新一轮科技革命和产业革命在孕育兴起，我国经济过去依靠低成本要素优势与引进技术设备发展的时代已经一去不复返了。经济新常态的重要特征是增长动力机制由要素扩张驱动转向全要素生产率驱动。为此，就必须依靠技术进步，走创新驱动的成长之路。事实上，近年来我国企业的增长动力机制已经发生了很多积极变化，其反映就是工业在结构调整和转型升级上取得了积极的进展。2015 年以来，企业的创新动力更是得到加快培育。一是创业创新亮点纷呈。大力推进双创的若干政策措施逐步落实，"互联网+"向更广阔领域拓展，全国新登记注册企业日均新增超过 1 万家。二是新兴行业蓬勃发展。战略性新兴产业企业收入和利润保持较快增长，新能源汽车、工业、智能电视、轨道交通设备等产品的产量实现两位数甚至成倍增长。三是创新驱动日益增强。国内发明专利授权量快速增长，研发经费占比进一步提高，企业创新主体的地位日益增强。

《2015·中国企业经营者问卷跟踪调查报告》显示，企业经营者认为企业的创新成效已经逐渐显现。其中，企业经营者认为创新对于企业"提高了产品或服务质量"和"提高了对健康和安全的影响"方面的作用最为显著。关于"为了企业更好地发展，企业未来一年应着重采取的措施"，调查结果显示，综合企业经营者的选择，"增加创新投入"项（58.4%）排在第二位，"引进人才"项（50%）排在第三位，"更新设备"项（33.1%）排在第五位，其中"增加创新投入"、"引进人才"和"更新设备"都反映了企业的创新意愿。这表明面对当前企业发展中的困难和挑战，企业将通过加强创新来积极应对。关于未来创新投入的计划，调查结果显示，计划2016年在总体创新投入方面"大幅增加"的企业经营者占26.7%，"小幅增加"的占28.4%，"不变"的占39.8%，"小幅削减"或"大幅削减"的仅占5.1%。其中，东部地区企业、珠三角和京津冀地区企业、大型企业和国有及国有控股公司计划2016年总体创新投入大幅增加的比重相对较高。

（三）加快转型升级的步伐

在中国经济转型升级的当下，我国企业调整结构的步伐也在加快。一些先进企业已经借鉴工业4.0的思路，应用"智慧工厂"的理念，在转型升级之路上先行一步，在智能制造、信息网络技术及商业模式创新等方面抢占了先机。从产业经济来看，2015年以来，企业转型升级的成果体现为高端制造产业保持较快增长与传统产业转型升级不断积累巩固。一是高耗能行业增长放缓，产业经济运行质量不断提升。1—6月，六大高耗能行业投资增速比全部投资低3.7个百分点，占全部投资的比重比上年同期下降0.5个百分点。二是制造业企业生产经营趋稳，利润情况好于工业整体。1—5月，制造业企业利润同比上涨6.5%，高于工业利润增幅7.3个百分点。三是新能源汽车、工业机器人等代表产业转型升级方向的新产品快速增长。

2015年5月，国务院发布了《中国制造2025》。该计划提出的战略目标是力争用十年时间，迈入制造强国行列。因此，预计在2016年及以后，我国企业势必会加快转型升级的步伐，且转型升级呈现以下特征：一是互联网提速渗透制造业，制造业互联网化趋势进一步向产品延伸，未来的产品，其物理属性将逐渐减弱，而更多的将是扮演互联网接口及信息采集与传输的角色。产品将借助物联网、云计算、大数据、移动等互联网技术实现虚拟世界与现实世界的融合。二是 4.0 将成为传统企业打造智能工厂的标杆，工业 4.0 成为企业提高生产效率、降低成本并实现柔性生产的关键。工业 4.0 概念将从领导企业向中小企业以及从高端制造业向传统制造业迅速传播。中国制造企业将以工业 4.0 作为标杆，打造符合行业特点、符合企业自身特点的智能工厂。三是制造业服务化将成为企业转型升级的主流趋势，在转型升级与"两化融合"的大背景下，我国企业正试图摆脱因低端价值链所带来的价格竞争，努力向价值链两端延伸。研发、设计、营销、售后、品牌管理和知识产权管理等服务环节的投入逐年增加。未来制造业与服务业间的边界将越发模糊，两者间的相互融合和相互依存将驱动传统制造向服务型制造转型。中国制造企业需要将服务理念植入价值链的每一个环节，以客户需求为中心，为客户提供端到端的服务，从而提升用户体验，创造源源不断的价值。四是小型化、专业化将成为制造企业发展新特征，当今的中国企业管理模式主要以业务为导向，依靠集中生产、规模生产来提高企业的议价能力，实现规模效益，减少企业运营成本。然而庞大的规模限制了企业的灵活性与反应速度，面对瞬息万变的市场环境，企业往往无法及时做出调整，从而增加了企业风险，错过了市场机遇。小、快、灵再加上专注与极致才是未来中国制造企业生存与发展的出路。

（四）国有企业改革将引向深入

2015 年是国有企业改革的顶层设计年，国有企业取得了长足进展。自 9 月以来，《中共中央、国务院关于深化国有企业改革的指导意见》、《国务院关于国有企业发展混合所有制经济的意见》、《国务院关于改革和完善国有资产管理体制的若干意见》一系列配套改革方案陆续出台，1＋N 的顶层设计逐步成型。国有企业改革可以从经济制度层面改善要素的配置。混合所有制能够有效提升宏观经济的活力和效率。国企和民企在合适的行业运用混合所有制，通过互靠双借、优势互补，将发挥出组合正效益，增加经济的有效供给。2016 年将进入国有企业改革政策的落地之年。预计国有企业改革的重点将会发生在以下领域：

（1）央企层面的整体上市有望取得进展。《中共中央、国务院关于深化国有企业改革的指导意见》提出，加大集团层面公司制改革力度，积极引入各类投资者实现股权多元化，大力推动国有企业改制上市，创造条件实现集团公司整体上市。2016年，央企层面的整体上市有望取得较大进展。从资本市场看，注册制和市场供给将为国企整体上市创造条件。从地方国企看，随着IPO重启与注册制改革，上市门槛降低，国资证券化的进程将继续加快。从央企看，一大波资产正在靠近。很多央企证券化空间巨大，即便在资产证券率较高的中航工业集团的8 000亿元资产中，也只有约60%实现了上市，实现整体上市还有3 200亿元空间。

（2）央企的合并重组将继续进行。2015年以来，已经发生的央企重组有南车与北车合并为中车；中电投与国核技合并为国电投；中远集团与中海运集团的重组整合。鉴于中央企业整合到100家之内的目标尚未完成，2016年，央企的合并重组将继续进行，但合并的速度可能会低于预期。中央的确有意支持央企整合重组，各行业的央企也上报了很多合并方案，但从包括南北车在内的已有案例来看，央企合并的效果并不太理想。主要问题是整而不合，有的是因为双方的互补性不强，有的是因为经营能力和文化的差异。因此，央企下一步的合并还需谨慎。

（3）地方国企改革的重点在混合所有制，主要是资产优质的发达地区。目前央企通过股份制改革和上市，已完成大部分混改工作，混改重点在地方国企，尤其是广东、上海、重庆等国企资产较为优质的发达地区。一是地方国企数量庞大，超过10万家，多数企业难以上市，通过引入战略投资者、员工持股、PPP等方式混改是较为可行的改革方案。二是地方政府积极推动。地方国企混改步伐比央企更快，在国企改革顶层文件发布前，已有20多个省市公布了改革方案，公布了积极的混改目标。很多资产在地方政府手中无法物尽其用，交给市场有助于盘活存量资产，减轻地方政府负担。

（五）兼并收购依然火热

"十二五"以来，我国企业纷纷通过兼并重组来优化资产配置、扩大企业规模、实现战略转型和产能结构调整。清科研究中心数据显示，2014 年国内发生并购案 1 929 起，同比增长 56.6%；1 815 起并购涉及交易金额 1 184.90 亿美元，同比增长 27.1%。交易数量与金额继 2013 年后又双双冲破历史纪录。2015 年同样是中国企业并购交易活动创纪录的一年。受益于股市暴涨、行业整合以及国有企业改制等因素，2015 年上半年，中国并购交易再创新高，境内并购、海外收购及欧洲境外并购总额均刷新纪录。统计显示，2015 年上半年，中国境内并购交易总额达到 2 327 亿美元，较上年同期增长 67.8%，创下有史以来上半年并购交易的最高纪录。第二季度中国境内并购交易总额亦升至 1 538 亿美元的历史最高水平，环比增长 95%，同比增长 62%。高科技行业境内并购交易额已达 536 亿美元，较 2014 年上半年增长 212.3%，占据境内并购总额的 23%。除金融、房地产和零售行业以外，中国大多数行业的上半年国内并购交易总额均实现了同比增长，这三个行业的降幅分别为 41.5%、2.5% 和 1.9%。受资本市场动荡影响，2015 年下半年，企业并购交易增势略有放缓，但并购市场依然活跃。第三季度，中国企业国内并购的活跃度和并购总额双双上涨，其中并购活跃度更是创下单季度的最高纪录。该季度国内并购共完成 302 起，较上年同期的 218 起增长了 38.5%，环比涨幅更是高达 65.9%。

2016 年，在经济步入"新常态"下，经济结构调整过程正在改变产业布局，与此同时，国家混合所有制改革，多层次资本市场体系的完善，以及"一带一路"战略的实施都为并购市场提供了要素和驱动力，我国正在进入并购重组的火热时代。2016 年，国有企业改革的全面推行将进一步加速国内企业之间的并购。国企改革上市前的资产重组、上市公司通过与集团公司控制的非上市公司业务进行资产置换、转换上市公司业务、国企之间的合并交易等均会促进并购重组。国企改革有望形成新一波企业并购浪潮。

（六）"一带一路"战略将促进企业加速"走出去"

近年来，越来越多的中国企业开始"走出去"。金融危机和欧债危机更给中国企业带来了"出海"的新机遇。我国企业国际化经营呈现加速的趋势。数据显示，2014 年，中国对外直接投资创下 1 231.2 亿美元的历史最高值，同比增长 14.2%。自 2003 年中国发布年度对外直接投资统计数据以来，连续 12 年实现增长。2014 年，中国对外直接投资与中国吸引外资仅差53.8 亿美元，双向投资首次接近平衡。商务部的统计显示，2015 年，我国对外投资持续两位数较高增长。1—10 月，我国境内投资者共对全球 152 个国家和地区的 5 553 家境外企业进行了非金融类直接投资，累计实现对外投资 5 892 亿元人民币，同比增长 16.3%。中国境外企业经营状况总体良好。2014 年，境外投资企业年度会计报表为盈利和持平的境外企业占了 77.2%，亏损的占了 22.8%。中央企业 2 000 家境外企业当中盈利和持平的境外企业占 74.4%，亏损的占 25.6%。

从我国企业海外投资的增长趋势看，2016 年，我国企业将加速"走出去"，其海外投资仍将持续攀高。商务部预测，2016 年我国对外投资仍然能够保持两位数的高增长率。未来五年我国海外投资将达到 1 万亿美元的规模。从政策层面看，商务部等有关部门不断深化体制机制的改革，加快投资便利化进程，出台了一系列政策措施。一是不断深化境外投资的管理改革，为中国企业对外投资提供一个便利化的环境。二是加强规划引导，编制了对外投资合作的各类中长期的发展规划，以指导企业实现"走出去"的可持续发展。三是强化了政府的公共服务。定期更新发布《对外投资合作的国别（地区）指南》和《中国对外投资合作发展报告》，搭建各种服务平台，为"走出去"的企业提供信息服务。

当前，推动中国企业加速"走出去"的重要动因是"一带一路"战略的实施。"一带一路"的大多沿线国家尚处在工业化初期阶段，不少国家的经济高度依赖能源、矿产等资源型行业；而中国有能力向这些国家提供各种机械和交通运输设备等，处于产业链的相对高点。在"一带一路"建设中，我国将在沿线国家发展能源在外、资源在外、市场在外的"三头在外"的产业，进而带动产品、设备和劳务输出。这不仅会有效实现我国产能的向外投放，也会促进国外新兴市场的快速发展。我国企业无疑将抓住"一带一路"机遇，顺势而为，更好地实施"走出去"战略。企业要同时打造国际化经营的硬实力与软实力，包括制定切实可行的海外经营战略，识别、规避各种内部和外部风险，做好国际项目风险的主要防范措施，强化工程项目管理，做好风险策划，认真学习并掌握项目风险管理知识等。

参考文献

1. 《李克强：聚焦中国制造 2025　支持制造行业转型升级》，搜狐新闻网，2015 年 12 月。

2. 《2016 年经济形势预测：2016 年经济将逐步企稳小幅回升》，国家信息中心经济形势课题组，2015 年 12 月。

3. 《企业经营者对宏观形势及企业经营状况的判断、问题和建议——2015·中国企业经营者问卷跟踪调查报告》，中国企业家调查系统，2015 年11 月。

4. 《2015 中国制造业发展四大趋势　工业 4.0 成标杆》，中国机床商务网，2015 年 10 月。

5. 《2015 年中国工业经济形势分析夏季报告》，中国社科院工业经济研究所工业经济形势分析课题组，2015 年 8 月。

6. 《2015 年中国并购基金专题研究报告》，清科研究中心，2015 年7 月。

第三篇 \\\

改革与中国经济的健康发展

第 9 章
在新的历史起点上全面深化改革[*]

刘 伟 方 烨

（中国人民大学校长 《经济参考报》主任记者、宏观经济报道组组长）

当前我国社会经济发展已经达到了新水平，开始进入"十三五"时期。在新的历史起点上，我们可能要面临的形势是：国民经济传统的核心竞争力逐渐丧失，宏观经济失衡的主要威胁转变为需求不足。这就对全面深化改革提出了新的历史要求。在这个新的历史起点上，须全面深化改革，进一步明确全面深化改革的总目标，全方位部署改革任务，坚持社会主义市场经济方向，完善市场竞争秩序。同时，还需要明确企业产权制度改革和价格制度改革孰先孰后的问题。

一、经济发展重心从规模转变为结构

党的十八届三中全会指出，必须在新的历史起

---

[*] 资料来源：《经济参考报》，2015 年 11 月 7 日。

点上全面深化改革。我们可以从两方面着手理解"新的历史起点"。

一是社会经济发展达到了新水平。从经济规模看，30 多年来我国 GDP 年均增长近 10%，GDP 总量比改革初期提高 24 倍以上（按不变价）；按汇率法计算的 GDP 自 2010 年起超过日本，位居世界第二；占全球的比重则从改革初期的 1.8% 上升到 11% 以上。从人均水平看，30 多年来我国人均 GDP 年均增长近 9%，较改革初期提高了 17 倍以上（按不变价）。1978 年的中国是典型的低收入穷国，1998 年中国人均 GDP 达到了当代下中等收入国家水平，2010 年则达到了当代上中等收入国家水平（按世界银行的划分标准）。从经济结构（质态）的演进看，新型工业化、农业现代化、城镇化和信息化均获得了实质性进展，与当代标准工业化国家相比，我国从 1978 年的工业化初期进入到现阶段的工业化中后期，已实现了工业化目标的近 70%，距离基本实现工业化目标已为期不远；农业现代化已从低收入穷国水平提升至当代上中等收入国家水平，农业劳动力的就业比重从 1978 年的 70.5%（当代低收入国家平均为 72%）降至 36%（当代上中等收入国家平均为 30%）；城镇化水平从 1978 年的 20% 以下，提高到目前的 52.6%（按国际一般口径，若按户籍则为 35%），尽管其中存在一系列深刻的矛盾，但从速度上而言，已进入城市化加速期（30%～70%）；与此同时，伴随新型工业化、农业现代化、城镇化的发展，信息化，特别是以现代信息技术为基础的现代服务业获得了显著成长。

二是社会经济发展条件发生了新变化。一方面，在新的经济成长阶段，政治、经济、文化、社会、生态等多方面的约束条件发生着深刻的演变，形成了一系列新的矛盾，经济自然增长率从年均 10% 左右的水平阶段性地回落至 7% 左右（甚至可能更低）；另一方面，就社会经济发展而言，无论是供给还是需求都发生了根本性的变化。就供给而言，以往生产要素成本低的优势绝对或相对地减弱，国民经济传统的核心竞争力逐渐丧失，包括劳动力价格的上升、刘易斯拐点的临近、人口红利的减弱、土地价格的攀升、城镇化和工业化中土地资源稀缺度的提高、生态环境成本的增长并且通过政府规制和市场机制越来越充分地进入企业成本和国民经济成本之中，等等。这就使得传统的以要素投入量不断扩大为主拉动经济规模扩张的增长方式出现了严重的不适应，必须从主要依靠要素投入量转变为主要依靠要素及全要素生产率提高来拉动经济增长，否则，短期内经济增长难以实现均衡，长期内难以实现可持续性。

就需求而言，随着以往经济短缺局面的根本扭转和市场机制作用的加强，国民经济失衡的常态不再是需求膨胀，宏观经济失衡的主要威胁转变为需求不足，首先是内需疲软。投资需求会由于自主研发和创新力的不足而找不到新的投资机会，进而出现需求乏力，尽管在新阶段国民收入水平较前期显著增长，储蓄规模扩大，但按市场效率标准，储蓄难以转化为投资，若在原有技术和产品结构基础上扩大投资，则会形成严重的重复，导致产能过剩的"泡沫"。消费需求会由于国民收入分配方面的扭曲，微观上导致居民内部收入分配差距扩大，从而降低社会消费倾向；宏观上导致政府、企业、居民三者收入增速及比重失衡，居民收入占国民经济比重持续下降，导致消费增长与国民经济增长间的失衡。因此，政府宏观调控需要从以应对短缺经济为主转变为以应对过剩经济为主，企业微观运行应从适应需求膨胀转变为适应需求疲软。

这种供给和需求方面的变化要求将经济发展关注的重心从规模扩张转变为结构调整，只有在技术创新基础上努力改变国民经济的要素投入、产出结构，在制度创新基础上调整国民经济的投资与消费结构，在经济发展的同时努力调整国民收入分配结构，在自主创新基础上提升产业结构升级高度，在推动社会发展的进程中缩小城乡二元结构差距等，才能真正实现总量增长的相对均衡和发展的可持续性。

新的历史起点对全面深化改革必然提出新的历史要求。在新的历史起点上全面深化改革共包括坚持社会主义市场经济方向以及改革先后和轻重两大方面的八项内容。

二、坚持社会主义市场经济方向

（一）需要进一步明确全面深化改革的总目标

即"完善和发展中国特色社会主义制度，推进国家治理体系和治理能力现代化"。经济改革的目标只是总体目标中的一个子目标，经济制度和体制只是国家治理体系中的一部分，国家治理体系包括经济、政治、文化、社会、生态文明等多领域的体制机制，国家治理体系的现代化就是在制度体制上使各领域及相互间在权力、责任、利益机制上相互统一、协调，使权力有相应责任的约束，使责任有相应利益的刺激。

国家治理能力则是指运用治理体系的水平，在新的历史起点上，现代化目标的实现要求经济改革必须作为全面深化改革总体目标中的有机组成部分，在经济、政治、文化、社会、生态文明等领域全面、系统、协调地推进改革，才可能取得成效。同时，在对改革绩效的判断和检验标准上，从贫困时期更突出生产领域的效率及人们物质生活的改善逐渐丰富起来，在强调效率目标的同时，更加关注分配领域的公平，更加关注让广大人民群众真正公平、充分地分享改革带来的发展福利，在不断提高人们物质生活水平的同时，更加注重更高层次、高尚的物质和精神生活追求，因而，改革所追求的总目标就必然更为系统、更为全面，包含更为丰富的历史追求。

（二）需要全方位部署改革任务

即以"六个紧紧围绕"概括经济、政治、文化、社会、生态文明和党建等领域的改革重点，同时强调在诸领域的改革中必须"以经济体制改革为重点，发挥经济体制改革的牵引作用"。因为我国现阶段作为社会主义的初级阶段，社会主要矛盾并未改变，"发展是硬道理，以经济建设为中心"

的历史要求并未改变，经济改革需以总体改革为基础，总体改革则需以经济改革为牵引。

（三）以经济改革为重点和牵引，须坚持社会主义市场经济方向

坚持这一方向，核心问题是处理好政府与市场的关系，紧紧围绕使市场在资源配置中起决定性作用深化改革，同时更好地发挥政府的作用。也就是说，在微观上（资源配置本质上是微观命题）努力使市场起决定性作用，在资源配置上使市场起决定性作用，必须使市场微观主体即厂商和消费者的行为受市场规则硬约束。市场规则的根本在于两方面：一方面是从事先公平原则出发，市场主体一律机会均等，不应存在制度歧视和特权；另一方面是以效率为市场竞争的目标和归宿。

宏观上，政府在充分尊重市场对资源配置的决定性作用的前提下，更好地、更有效地发挥作用，尤其是发挥克服市场失灵和局限方面的作用，在资源配置中市场的作用越充分，市场失灵和局限也就越明确，进而也就越需要针对市场失灵进行有效、科学的政府调节，因此，政府职能的转变和相应的体制改革对于使市场在资源配置中起决定性作用更显得关键。

（四）要使市场在资源配置中起决定性作用

改革的真正难点逐渐从市场作用空间的拓展转变为市场竞争的公平性和市场有效性的提升。虽然传统计划机制和行政力量对资源配置的直接干预仍需不断克服，但更重要的在于完善市场竞争秩序，改革的真正难点从拓展市场作用规模逐渐转移到提高市场质量。因此，市场秩序（包括市场竞争的内在秩序和外部秩序）的完善更为迫切。

内在秩序主要包括竞争的主体秩序，即企业产权制度，它回答谁能进入市场、谁在展开竞争的问题。竞争的交易秩序，即价格决定制度，它回答怎样确定交易条件、怎样实现交易的问题。这两方面的制度安排构成所谓的市场内在竞争机制。外部秩序主要包括市场经济的法治秩序，即对市

场竞争内在机制的法制确认；市场经济的道德秩序，即对市场竞争内在秩序的精神弘扬。显然，社会主义市场经济改革进程的难点从市场规模扩张转向市场秩序完善，要求改革本身必须是经济、政治、文化、社会及生态文明制度等多方面的系统推进。

三、产权改革和价格改革孰先孰后

（一）市场竞争主体秩序和交易秩序共同推进

市场竞争内在机制中的主体秩序（企业产权制度）和交易秩序（价格决定制度）改革间的相互关系发生了变化，需由不同阶段的分别先后推进的改革逻辑转变为统一共同推进。

企业产权制度改革和价格制度改革孰先孰后是改革过程中长期争论的命题，在实践中大都是不同时期有不同的侧重。在我国 1992 年（中共十四大召开）之前改革的重点集中在分配领域和流通领域，很少涉及企业产权，虽然对国有企业进行了简政放权、放松让利及承包制等改革，但均是分配关系的调整（国有企业承包经营制与农村家庭联产承包责任制的根本区别在于，企业承包的是上缴利税指标，农村家庭承包的是土地使用权，一个是分配关系的调整，一个是产权关系的变化）。因此，在城市经济改革初期价格改革和调整显得更活跃。

中共十四大明确以社会主义市场经济为目标导向，继而十四届三中全会提出建立现代企业制度，特别是到 1997 年中共十五大后明确肯定股份制，我国企业改革的重心才真正由外部价格秩序改革转移到企业产权改革方面，到目前已发生了深刻的变化。一方面，在全社会所有制结构上，已从国有制占绝对优势演变为混合所有制结构。据普查数据，在规模以上的工业企业实收资本中，国家资本占 19.6%，集体资本占 2.1%，法人资本占 30.5%，私人资本占 23.9%，外资占 23.9%。另一方面，企业本身的产权主体也逐渐多元化。在规模以上的国有控股企业中，国家资本占 50.6%，集体资本占 0.4%，法人资本占 42.3%，私人资本占 2.7%，外资占 4%；在私营工业企业实收资本中，真正的个人资本也只占 67%，其余为法人资本或集体、国家资本；在外资企业中，真正的外商资本为 76%，其余为法人资本或集体、国家、个人资本。

也就是说，现阶段我国所有制结构混合化和企业产权主体多元化已取得显著进展，我国市场主体秩序深化改革面临的主要矛盾在于三方面。第一，国有企业的产业组织问题，包括国有企业的分布结构和反垄断，即国有企业与市场的关系；第二，国有企业的治理结构问题，包括政企分离和权、责、利间的制衡，即国有企业与政府的关系及内部权力的制衡关系；第三，更为重要的是在制度上提高不同经济性质的企业在市场竞争方面的公平性。因而，交易秩序的改革即公平的竞争性的价格决定机制的培育和完善，就与主体秩序的改革形成统一的相互依赖的整体，没有真正受市场规则约束的企业，就不会存在公正的、竞争性的价格，交易主体（产权）决定交易条件（价格），但如果没有公平竞争的交易秩序，任何市场主体都不可能展开充分的公平竞争。

（二）向要素市场化转变

在市场体系的培育上，需从以商品市场体系的构建为重点，包括以投资品和消费品的市场化为重点，逐步转向以要素市场化为重点。经过三十多年的改革，我国商品市场化已经基本实现，无论是投资品还是消费品，已由改革初期 90% 以上由政府定价转变为 90% 以上由市场定价，尽管其中存在竞争的不公平性，但交易和定价方式已经由计划机制转变为市场机制。真正构成市场深化瓶颈的是要素市场化，包括劳动力、土地、资本、专利等要素。事实上，要使市场在资源配置中起决定性作用，根本在于要素的市场化，要提高资源配置的效率和公平性，关键也在于要素的市场化，离开劳动力、土地、资本、专利等要素市场化的深入及完善，我国面临的一系列资源配置的深层次矛盾和社会经济发展的障碍难以解决。

（三）迈向城乡统筹改革新时期

在二元经济状态下城乡改革在不同时期分别展开的推进方式需逐渐转变为城乡统筹，城乡间形成统一的、相互联系的改革发展整体。在现阶段，城乡间孤立地展开改革已不可能，我国社会经济的发展已使城乡二元经济状态发生了深刻变化，虽然二元经济状态依然鲜明，特别是城乡间二元体制差异仍较显著，但中国的现代化进程已进展到必须从根本上克服二元经济状态的关键历史时期。并且，这种二元经济状态的根本克服需要重大的制度创新。一方面，就经济改革而言，必须依靠要素市场化，包括农村劳动力市场化的完善、农村土地确权和市场流动、建立统一城乡建设用地市场、培育和完善金融市场体系（特别是培育农村金融市场）、加快资本市场化，等等。另一方面，就总体改革而言，必须使城乡经济体制改革与政治、文化、社会、生态文明建设等各方面体制改革统一为一个整体，因为二元经济的根本克服是涉及社会方方面面的根本性的历史剧变。

（四）改革推进探索方式的转变

在改革的推进方式上，需由以"摸着石头过河"为主要探索方式，向顶层设计与"摸着石头过河"相结合的方式转变。也就是说，在总体目标、总的方向和基本的改革任务及命题上，在改革的历史逻辑和进程上，由顶层统一设计，提出统一命题，但在具体实践上，则采取"摸着石头过河"的方式逐一探索。一方面，全面深化改革的系统性和多方面的协调性以及矛盾的深刻复杂性，要求必须在改革方式上将顶层设计与"摸着石头过河"相统一；另一方面，经过三十多年改革实践，我们所积累的经验和所面对的新困难，使得我们既有自信也有需要将两者统一起来。

第 10 章

全面改革是中国经济长期健康发展的必由之路[*]

（北京大学经济学院教授、经济研究所常务副所长）

近来，关于中国经济是否能够持续增长的问题，国内外学术界和社会各界都展开了热烈的讨论。尤其是关于中国经济进入"新常态"的共识形成之后，看空中国经济的观点越来越流行。但这些讨论基本上都是从供给的角度来进行的，也就是主要围绕潜在增长率的变化来展开讨论。实际上，不管中国未来的潜在增长率如何，中国未来每年面临的问题都将是产能过剩。因此，约束中国经济增长的因素主要来自需求侧。本章就从需求侧看中国经济未来发展的前景。

本章认为，经济的长期健康发展需要总供给和总需求同步增长，因此，优质需求的增长就是经济长期健康发展的基础。所谓的"优质需求"，就是边际效用或者边际收益率较高的消费和投资需求。本章分析了中国未来优质消费需求和优质投资需求的潜在来源和规模，最后指出，改革是把这些潜在的优质需求转变为现实的必由之路。

一、优质需求的长期增长是经济长期健康发展的关键

在目前的宏观经济学理论中，主要是把需求放在短期框架内考虑，几乎没有从长期考虑需求的。目前所谓的"长期经济增长理论"，实际上是关于"生产能力"或者"潜在产出"长期增长的理论，对于需求的长期增长基本上没有涉及。即使一些经济增长模型涉及需求，也是假定长期内供求总会实现均衡，因而对需求的长期增长不予深入讨论。但不管怎么说，经济的长期增长需要需求和供给同步增长；如果需求的增长跟不上供给的增长，就会出现生产过剩的危机；反过来，如果供给的增长跟不上需求的增长，就会出现通货膨胀或者商品短缺的危机。

所以从长期来看，需求必须能够增长。但一个经济要想长期健康发展，需求必须是优质需求。所谓的"优质需求"，指的是能够给消费者带来较高的边际效用或者给投资者带来较高的预期投资收益的需求。比如说，一个经济中消费需求的增长是因为新产品的出现引发了新的消费热点，这种新产品消费的边际效用一般较高，因此就属于优质消费；或者一个经济中投资的增加是因为有了更好的投资机会，因而可以得到更高的预期投资收益率，这种投资也是优质投资。

相反，目前流行的凯恩斯主义货币政策和财政政策都是通过降低消费的边际效用（如果政策针对的是消费）和投资的预期收益率来刺激需求的，因此刺激出来的都是劣质需求。以货币政策为例，货币政策通过降低利率来刺激投资，但随着利率的降低，预期收益率更差的项目被采用，因此投资的质量越来越差。最后，一旦由于某种原因利率上升，这些项目就会亏

损，相关贷款就会成为不良贷款，规模一大就会引发金融危机。

那么从长期来看，中国是否存在潜在的优质需求？其规模有没有可能保证中国经济的长期增长？我认为从需求侧看，中国不缺优质需求。我们分别从消费和投资两个方面来看。

二、中国优质消费的来源

从全球经济的角度看，优质消费的来源最终是地球上从未有过的新产品的开发，这对处于全球科技前沿的发达经济尤其是美国经济来说是不可回避的。但对于中国来说，经济目前所处的发展阶段决定了我国不处在世界科技前沿上，目前的要素禀赋结构决定了不论是从科研能力来看还是从财力来看，我国都不能大规模从事这种新产品的开发。在目前的情况下，我国优质消费的来源主要有以下四个：人口政策调整，消费升级，对内、对外开放和促进有效供给。

（一）人口政策调整

人口政策的调整能够带来优质消费。原因就在于中国未来将面临严重的劳动力短缺和老龄化问题，并将对社会保障体系产生巨大压力，而增加生育可以缓解这些问题。新出生的儿童会立即带来消费的增加，但在大约20 年后才能导致劳动力供给的增加。因此，生育政策的调整在短期内刺激需求，在长期内刺激供给。

目前中国已经施行全面二孩政策，以后中国的人口政策将继续松动，最终在老龄化和社会保障的压力下将不得不采取鼓励生育的政策。虽然我认为中国应该立即彻底取消计划生育政策并转而鼓励生育，但从目前中国的现实来看，中国人口政策的调整将是一个长期的过程，因此，就将在长期内对中国的消费产生影响。

（二）消费升级

中国即使在人口不变的情况下，也可以通过消费升级来产生优质消费。我们可以对比一下中国和美国老百姓生活水平的差别，跟这个差别对应的就是中国和美国的消费的差别，消费的这种差别就是中国今后消费升级的方向。目前中国的人均 GDP 按照购买力平价计算大概是美国的四分之一，因此，如果中国人的生活水平能够赶上美国，那就意味着中国经济还有翻两番的空间，也就是可以以 7% 的速度发展 20 年。这个空间是很明白的，实实在在存在的，除非假定中国老百姓的生活水平永远赶不上美国。

观察一下中美经济的情况，可以发现中美消费的差别主要在高端服务业方面。在实物商品的消费方面中美其实差别不是很大，差别最大的是高端服务的消费。高端服务的消费包括医疗保健、教育、法律、文化娱乐、旅游、研发、金融、政府服务，等等。目前中国老百姓在这些产品的消费方面恰恰是非常不足的。

（三）对内、对外开放

开放可以增加消费品的种类。不同的国家、不同的地理或者不同的文化，总会创造出一些不同的生活方式和消费品。比如，四川人发明了川菜，而陕西人则以面食见长；如果两个省份互相封闭，那么每个省份就只有自己的特色食品可以享用，陕西人吃不到川菜，或者根本就不知道还有这种食品，四川人也一样；而一旦互相开放，就可以品尝到另外一种风味，这无异于增加了每个省份的老百姓能够消费的产品的种类。旅游也一样。有人说过，"所谓旅游，就是从你呆腻的地方去别人呆腻的地方看看"，在"你呆腻的地方"，各种风景、食品等消费品对你的效用已经很低，你已经"呆腻"了，意味着边际效用是 0 了；而"别人呆腻的地方"对你来说还没有体验过，边际效用很高，因此，旅游提高了旅游者的效用和福利。所以，开放本身就让人们能够享受异样的风光、异样的美食、异样的文化、异样的风情，这是消费品种类的增加，给人们带来的是高效用的消费品。

（四）促进有效供给

即使不考虑上述因素，我国扩大消费也有很大空间。看看中国消费者在国（境）外消费的情况就知道中国居民的消费潜力有多大。中国消费者到了日本能把人家的马桶盖买光，到了欧洲能把人家的奢侈品清空，到了中国香港能买得香港人买不到奶粉，到了加拿大和澳大利亚能让当地人买不起房子。这些都说明中国老百姓不缺需求，缺的是有效供给。

中国消费者需要质量可靠的商品，但对中国自己的产品却缺乏信任感。中国的小孩需要奶粉，中国的奶粉生产能力也不缺，但国产奶粉我们却不敢给小孩吃，但凡有支付能力的家庭都愿意给孩子吃进口奶粉。同样的产品，哪怕是中国货，在国外市场的质量都比国内好，价格也比国内低。如果中国企业能够生产出中国消费者信得过的产品，或者拿出为国际市场生产的态度来满足国内市场，就可以把中国消费者对进口货的部分需求转换为对国内产品的需求。这也是优质需求——试想一下，老百姓出国购买的产品怎么可能是劣质需求，即边际效用较低的需求？

三、中国优质投资的来源

优质投资是能够给投资者带来较高的预期收益率的投资。要想保证经济的长期健康发展，在扩大投资时，就必须保证投资的质量。凯恩斯主义财政政策和货币政策在刺激投资时是通过降低投资成本来进行的，因此，刺激出来的投资必然是劣质投资。这不是我们想要的投资。

要想刺激优质投资，就必须为企业提供更多、更好的投资机会。就目前的中国经济而言，好的投资机会有三个来源：一是自主创新，二是产业升级，三是生态文明建设。

（一）自主创新

自主创新的道理不言自明，也是许多人提倡的。但我认为，我国目前距离世界科技前沿还较远，同时，从科研实力和财力而言还不具备国际竞争力。但即使现在不具备国际竞争力，我国在自主创新方面加大投入也是应该的，当然，也可能在某些方面取得世界领先的成果。但要依靠这个来为经济提供足够的优质投资机会，估计在到达世界科技前沿前都不能指望，即使有也是可遇不可求的事情。

（二）产业升级

通过高端产业向我国的转移，产业升级的确能够为经济提供优质的投资机会。道理也不言自明，此处不多说。其中的投资规模也可能非常大。

（三）生态文明建设

从投资看，中国现有的投资空间在急剧缩小。此前20多年，房地产投资对于拉动中国经济起了很大作用。有人对房地产投资提出批评，说中国此前20多年的发展过度依赖房地产投资。这种观点实际上是错误的，为什么呢？房地产投资有它自己的内在逻辑，尤其在二三十年之前，中国老百姓的生活状况、住房状况非常差的时候，住房需求就是中国居民最迫切的需求，那个时候住房对中国老百姓的边际效用很大，所以那时的房地产投资是优质投资，那个时候大力发展房地产业就是符合当时老百姓的需求的。年房地产投资曾经占到中国GDP的12%左右，这个规模是相当大的。现在，随着中国长期进行大规模的房地产开发，中国的住房市场基本上已经饱和；同时，在中国目前的人口状况及人口未来走势变动的背景下，房地产投资的前景已经越来越差。基建投资也一样，随着中国各种基础设施投资越来越多，投资规模也会慢慢缩减，目前虽然还有前途，但基建投资增速在缓慢下滑则是一个不争的事实。

因此，中国接下来想刺激投资，就需要找到一个不论从质量上还是从数量上都足以替代以前的房地产投资的项目。在我看来，中国的确有这样的项目，就是生态文明建设，最典型的就是治理沙漠。治理沙漠是中国迟早要做的事情，并且对国家有利无害。中国有 170 多万平方公里的沙漠，治理沙漠需要大规模的投资。170 多万平方公里的沙漠治理起来至少需要 20 年，投资规模是非常大的，从需求侧看，仅此一项就足以拉动中国经济再高速增长 20 年。

问题是怎么保证这种投资是优质投资。这个投资从哪儿来？当然不能靠政府，靠政府又要导致政府债务问题，所以如果靠政府投资治理沙漠，就会形成劣质投资。所以重要的是吸引民间投资从事这一工作，那就得给民间资金治理沙漠提供较高的收益率，这就需要设计一个良好的激励机制让民间资本愿意投资。我的建议就是用土地换投资，即用沙漠的长期使用权甚至所有权来吸引民间资本进入这一领域，一块沙漠谁治理好就给谁几百年的使用权甚至直接给所有权。如果在这种情况下激励还不够强怎么办？政府提供补贴。这样就可以在政府支出最少的情况下给民间资本提供较高的收益率，吸引民间资本投资，形成优质投资。

为什么是优质投资呢？从国家的角度来看，沙漠变成了良田或者其他形式的可以利用的土地；对民间资本来说，在目前流动性过剩的情况下这是很好的投资机会，可以取得高收益。政府付出的是原本就没有用的沙漠，获得的是治理好的土地和优质的生态环境；同时，现有的过剩产能得以消化，中国现在过剩产能就在钢铁、水泥这些行业，而治理沙漠时大量需要的恰恰是这些产品，这就正好可以把中国现在的过剩产能利用起来。所谓的"过剩产能"，是相对于需求而言的，一旦找到合适的需求，就不再是"过剩产能"。

四、改革是优质需求的保证和前提

从消费和投资的潜力来看，中国经济未来还存在巨大的增长空间。单纯看需求，中国经济再高速增长 20 年一点问题也没有。但要把这些潜力变成现实，中国需要全面深化改革。

（一）优质消费的扩大需要改革

1. 人口政策调整需要改革配合

人口政策的调整会导致需求的增长，但仅有人口政策的调整还不够。因为社会中的各个方面、各个环节都是为人服务的，因此新出生的人口将必然涉及社会、政治、经济的各个方面、各个环节，必然要求相关领域的改革配套，因此，中国今后要想鼓励生育，即使在目前的城镇化和户籍管理制度下，也需要人口管理体制的改革、教育体制（包括基础教育和高等教育体制）的改革、医疗体制的改革、城镇住房制度的改革以及社会保障体制的改革等方面的配合，否则鼓励生育的政策将不会产生预期的效果。

2. 高端服务业的发展需要改革

如前所述，高端服务业将是中国未来发展的主要方向。但是服务消费和商品消费方面存在两个大的差别。第一个差别就是服务的质量是没有客观标准的，完全取决于消费者的主观判断，也就是服务质量的好坏全看消费者是否满意。这跟实物产品的消费完全不一样，实物产品的消费是有客观标准的，肉眼无法辨别的可以通过仪器检测。但服务质量的好坏完全取决于消费者的主观判断。另外一个差别是，在服务的生产和消费方面存在严重的信息不对称。比如说医疗服务，医生比病人当然信息要多得多。

由于服务的生产和消费存在这两个特点，在服务的生产和消费方面就可能出现比较多的纠纷。以医疗服务为例，在现在的中国，一个病人进了医院首先想到的是会不会被过度医疗，然后病人进了医院医生看着也害怕，他会想这个病人会不会伤害我。医患之间的不信任导致医患纠纷很多。

这就意味着要想发展高端服务业，就必须提供一个良好的纠纷解决机制或者使纠纷消弭于无形的文化体制和道德体制。比如说，我们就需要有一个良好的国家治理体系，如果出现医疗纠纷这样的事，就通过良好的法律体系来解决，在法律体系之外政府还要提供其他优质的服务，比如公平、正义、安全、秩序，等等。目前的情况是，医疗纠纷出来了政府就要维稳，维稳往往是让医院和医生认输，哪怕是患者家属打了人、砸了医院也没事，这显然意味着政府服务质量有待进一步提高。在良好的国家治理体系之外，还要有良好的文化体系，也需要良好的道德体系，比如说职业道德，如果病人相信或者病人家属相信医生已经尽职尽责了，他可能就不会找事。在中国目前的发展阶段，高端服务业的发展已经成为中国经济下一步最主要的发展方向的时候，对这种软的基础设施的需求就越来越强烈，这就迫使我们国家要为经济的发展提供这些东西。

3. 对内、对外开放需要改革

对内开放的目的是形成一个统一的国内大市场，从而扩大国内总需求。这就需要进行户籍管理制度、教育制度、人口管理体制、住房制度、社会保障制度等各方面的全面改革。同时，也需要保证居民异地消费的安全和公平。以旅游为例，"青岛大虾"事件就是明显的欺诈行为，并且存在消费者的人身安全受到威胁且警察却没有提供应有服务的情况。在这样的体制下这种优质消费需求就无法得到最大限度的实现，扩大消费的效果自然就不佳。

对外开放也一样。对外开放在扩大优质需求方面的主要渠道是旅游和出口。在旅游方面，要想最大限度地扩大这种优质消费，就不仅需要对国内市场进行大幅度的改革，打击各种欺诈行为，强化社会治安，确保游客的消费安全和人身安全，这跟对待国内游客一样；同时需要政府尽可能简化出入境和退税手续，为国际消费者尽可能提供各种便利。在刺激出口方面，同样需要保证中国产品的质量和消费安全，并尽可能简化出口的相关手续。

4. 促进有效供给需要改革

要促进有效供给，首先需要法律体系的改革。以乳制品行业为例，由于质量得不到国内消费者的认可，国内的乳制品供给多为无效供给，要想把这种无效供给转化为有效供给，就必须加强监管、立法并加大处罚力度，确保国内乳制品的质量和国内消费者的消费安全。同时，也需要改革税制，使得国内消费者也能享受到外国消费者享受的那些优质产品，至少使得国产产品在国内外一个质量、一个价格，不出现国产产品的国际价格低于国内价格这样的现象。

（二）扩大优质投资需要改革

1. 自主创新需要改革

产品创新是扩大优质需求的重要途径，虽然自主创新在目前还无法成为我国创新的主流，但毕竟还是有的，而且可以预见，自主创新在我国今后将越来越多。因此，要鼓励自主创新，就得加强知识产权保护，这就要求我国在知识产权保护的立法、司法、执法方面都深化改革，加强知识产权保护的力度。同时，为了鼓励自主创新，在科技体制方面尤其是科技成果和科技人员的评价机制方面要进行全面深入的改革。屠呦呦获得诺贝尔奖就是一个明显的例子，一个在中国连院士都评不上的"三无"科学家，在国际上却获得大奖，这足以说明中国的科技评价体系存在严重问题，这将对科研人员的激励机制产生扭曲，降低科技资源配置的效率。另外，教育体制也应予以改革，以适应培养创新型人才的需要。

2. 产业升级需要改革

消费升级和产业升级是对应的，消费升级需要什么样的改革，产业升级也就需要什么样的改革。当然，除了消费升级需要的那些改革之外，面对不断升级的产业结构，生产的组织方式、政府与市场之间的关系、政府对相关市场的监管等领域也都需要改革。

3. 生态文明建设也需要改革

如前所述，对中国扩大需求来说，治理沙漠不管从数量上还是质量上都可以替代房地产投资。但这一政策的前提条件是什么？要想吸引民间资本去投资治理沙漠，就必须有足够强的激励，就需要用长期土地使用权或者土地所有权来换取民间资本的投资；因此，马上就面临一个问题，土地制度必须改革，至少沙漠土地制度必须改革，同时完善产权保护制度。同时，国家治理沙漠的领导和组织体制也需要改革，甚至需要行政区划的改革相配套。

五、改革是中国经济长期健康发展的必要条件

综上所述，不管是从刺激优质消费来看还是从刺激优质投资来看，中国都具有巨大的空间，因此可以保证中国经济的长期健康快速发展。从消费方面来看，中国居民的生活水平远远低于美国等发达国家，因此在扩大消费方面中国会创造巨大空间；同时人口政策调整、对内对外开放以及促进有效供给也都有助于刺激中国的优质消费需求。从投资方面来看，自主创新、产业升级、生态文明建设都具有拉动优质投资的巨大空间。

但若想充分利用这一空间，中国就必须全面深化改革。不仅需要深化经济体制方面的改革，还需要在人口政策、土地制度、科技体制、教育体制、住房制度、社会保障制度、户籍管理制度等方面进行改革，同时还需要推进国家治理体系的现代化以及文化体制的改革和道德体制的重建。因此，全面深化改革就成为中国经济长期健康发展的前提。

第 11 章

孩动力：从单独二孩到全面二孩[*]

易富贤　苏　剑

（美国威斯康星大学研究员　北京大学经济学院教授、

经济研究所常务副所长）

一、从人口政策的实践看严峻的人口形势

（一）单独二孩实践反映出生育意愿的变化

十八届三中全会之后，人口政策迈出了跨时代的一步——实行单独二孩政策。先看看双独二孩的情况。上海户籍人口中有 200 多万个双独家庭，40％～50％有生育二胎意愿，但是 2008 年实行双独二孩政策以来，5 年只收到 15 000 例申请，只生下 7 000 多个二孩。河南 2011 年在全国最后才实行双独二孩政策，当时预计每年将多生 1.8 万人，但

* 本章综合了两位作者的两篇文章《全面二孩政策对中国经济和社会的影响》（载《原富》，2015（8））以及《"孩动力"：为中国经济增添新活力》（载《社会科学报》，2015 年 3 月 12 日第 002 版），略有调整。

是两年来，仅有 600 多个家庭生了二孩。

再看看单独二孩政策的实施情况。从 2014 年 1 月 17 日开始，各省陆续实行单独二孩政策。我们根据截至 2014 年 9 月 30 日的申请数据，曾推测单独二孩政策施行后第二年将多生 54 万人，几年合计将多生 135 万人。现在看来我们的估算还过于乐观，因为山东的申请大多为水分。山东于 2014 年 5 月 30 日才放开单独二孩，比除海南外的其他省份都晚，但是截至 2014 年 10 月 31 日，在全国批准的 83.8 万例申请中，山东竟然占 20.73 万例。

截至 2014 年 12 月底，全国只批准了 92 万例申请，假设 2014 年 10 月 31 日后山东的申请不再增加水分，那么全国只批准了 76.72 万例申请。一些基层计生人员反映，由于单独二孩申请程序相对简单，符合其他生二孩条件同时也符合单独二孩条件的家庭，均按照单独二孩申请，使得单独二孩申请数虚高。单独二孩申请实际人数如此之少，说明年轻一代的生育观念发生了巨变，今后鼓励生育的任务非常艰巨。

根据之前的单独二孩政策实践来看，2015 年我国生育率只有 1.2 左右，实施全面二孩政策的话，峰值生育率可能只有 1.5 左右（不会超过 1.7），出生规模为 1 600 万人左右（难以超过 1 800 万人）。停止计划生育，峰值生育率也只能在 1.7 左右（难以超过 1.9），出生规模为 1 800 万人左右（不会超过 2 000 万人），远低于中国 1986—1990 年（印度近年）2 500 万人的出生规模，更低于中国 1962—1965 年 2 800 万人的出生规模。

（二）全面二孩时代的到来，中国人口的出生率仍难改下降趋势

十八届五中全会后，人口政策迈出了划时代的一步，全面实施一对夫妇可生育两个孩子的政策，标志着持续三十多年的独生子女政策退出了历史舞台。这项政策将对中国社会的各个层面产生深远的影响。

国家卫计委预测在施行全面二孩政策后，数量最高年份的出生人口将超过 2 000 万，2030 年总人口为 14.5 亿。国家卫计委的预测是基于下面的假设：生育率从近年的 1.55 左右回升到 2017 年的 2.0，再逐渐降到 2030

年的 1.8。根据这种预测，每年会多出生 400 万～500 万人，"十三五"期间合计会出生 9 600 万人左右，比"十二五"期间多出生约 1 300 多万人，对中国的经济无疑是一支强心针。

对于国家卫计委的预测不敢苟同，2010 年人口普查及年度抽样调查显示 2010 年、2011 年、2012 年、2013 年的生育率分别只有 1.18、1.04、1.26、1.24。国家卫计委否定这些客观调查的生育率数据，以出生漏报为由将生育率修改为 1.5。其实第一孩都是合法的，不存在漏报。而中国的一孩次生育率从 1990 年的 1.01 直线下降到 2000 年的 0.867、2010 年的 0.728，说明人们的生育观念发生了巨大的改变。依照这种趋势，2015 年的一孩次生育率可能只有 0.66 左右；根据中国台湾、韩国、日本的一孩次与总和生育率的关系推算，即便没有计划生育，2015 年中国的总和生育率也达不到 1.5 了。印度的几个发展水平与中国的云南、贵州相当的地方，目前生育率只有 1.7 了；中国在单独二孩政策下，生育率竟然能够达到 1.5？韩国和中国台湾地区的社会经济水平分别超前中国大陆 21 年、23 年，在鼓励生育的情况下，2001—2013 年平均生育率只有 1.20、1.14；在施行全面二孩政策的情况下，中国大陆 2030 年的生育率仍能稳定在 1.8 以上？

客观调查的 1.2 左右的生育率应该是可信的。在施行全面二孩政策后，2017 年应该只会多出生 200 多万人，生育率大约为 1.5，生育率将随之不断下降。2/3 的孩子是 20～29 岁黄金年龄的育龄妇女所生，该年龄段妇女从 2015 年的 11 157 万减少到 2020 年的 8 260 万。因此，尽管出台了全面二孩政策，但是"十三五"期间合计只会出生约 7 060 万人，只比"十二五"期间多出生 400 多万人，增长约 7%。

二、现在和未来生育率的判断

人口的可持续发展是社会可持续发展的前提。要保证人口的世代更替（相对于上一代不增也不减），发达国家需要每个妇女生 2.1 个孩子；中国由于婴幼儿死亡率和出生性别比都比发达国家高，世代更替水平生育率应接近 2.3。由于有单身、不愿生育、生育障碍等人群，一个正常的社会应当是主流家庭生三个孩子，部分家庭生一个、两个、四五个甚至更多孩子。

中国的生育率在 1990 年后就一直低于更替水平，2000 年、2010 年人口普查显示分别只有 1.22、1.18，抽样调查显示 2011 年、2012 年、2013 年分别只有 1.04、1.26、1.24。用公安户籍数来推测生育率也是不准确的。目前与户籍挂钩的个人权利有 20 多项，人们有获取多个户口的强大动力，"房姐"、"房妹"现象很普遍。以陕西省为例，统计公报显示 2013 年出生37.62 万人，死亡 23.11 万人，增加 10.61 万人；但是 2014 年 1—7 月，注销重复户口 42 460 个，注销死亡未销户口 10.5 万个。

小学招生数据水分更大。农村义务教育经费由中央和地方按比例分担，现在西部地区为 8∶2，中部地区为 6∶4，东部地区按照财力状况分省确定分担比例。学校和地方政府有强大的动机通过虚报学生数以获得更多的经费。2013 年教育部决定实行以身份证号为基础、全国联网的中小学生统一电子学籍。目前只有部分地区公布了电子学籍数据，可以看出，过去公布的小学招生数存在大量水分。而生育意愿与现实生育率存在巨大差距。多项调查显示，中国目前平均每个家庭想要 1.86 个孩子，为世界最低。据此判断，即便没有计划生育，生育率也难以达到 1.5。其实社会越发达，教育水平和养育成本越高，生育意愿越低，婚龄、育龄越晚，不孕率越高，丁克、单身人群的比例也越高，生育率也因此就越低。人类发展指数（HDI，联合国使用的一项反映社会发展水平的综合指标）、人均 GDP 都与生育率直线负相关。

综上所述，如果没有计划生育，2010 年的总和生育率也只能达到 1.6左右。补偿性出生之后，生育率下降速度将比当年中国台湾地区和韩国还要快。中国面临两大难题：生育率难以提升，育龄妇女人数在快速减少。中国的 15～49 岁总育龄妇女和 20～29 岁黄金年龄育龄妇女（目前 2/3 的孩子是该年龄群妇女所生）都在 2012 年开始负增长，其中前者将从 2011 年的

3.83 亿减少到 2030 年的 2.93 亿，而后者将从 2011 年的 1.15 亿减少到 2035 年的 0.66 亿。即便停止计划生育并鼓励生育，峰值人口也难以达到 14 亿，今后面临的是人口锐减。由于育龄妇女的减少和庞大的老年人口，即便生育率能够稳定在 2.1，也难阻人口负增长。

三、从人口结构观察中国的经济趋势

总抚养比是指非劳动年龄人口（0～19 岁、65 岁及以上老人）与劳动年龄人口（20～64 岁）之比，包括儿童抚养比（0～19 岁儿童与劳动人口之比）和老年抚养比（65 岁及以上老人与劳动人口之比）。中国由于实行严厉的计划生育政策，导致儿童抚养比、总抚养比快速下降，也导致其后总劳动力的减少，进而导致老年抚养比的大幅上升。总抚养比在 2014 年止跌回升，意味着经济增速将继续放缓。今后中国的老年抚养比和总抚养比将远远超过美国和印度。

有人说，中国的总抚养比即便有所增加，仍然比其他国家要低，还足以维持几十年的经济高速增长。其实阻碍经济增长的不是总抚养比本身，而是其中的老年抚养比。并且总抚养比并不是越低越好，在 70％～80％ 之间最有利于经济发展、就业和社会稳定（太低，抚养人口少导致内需不足，"游手好闲"者多，失业压力大）。美国和发达国家（整体）的总抚养比长期在 70％～80％ 之间。印度由于生育率下降平缓，总抚养比将长期维持在 70％ 左右，与美国一样，光是凭借内需就可以满足就业。

中国近期经济问题的核心是总抚养比太低（儿童抚养比太低）、内需不足；远期经济问题的核心是总抚养比太高（老年抚养比太高）、劳动力不足和老年化。中国在 2015 年达到拐点，劳动力下降的速度将超过日本。与日本、德国不同，中国的总抚养比非常低，有庞大的"过剩"劳动力。因此，中国一方面劳动力严重短缺，另一方面失业率还将上升，劳动参与率也将下降（隐性失业），"用工荒"和"就业难"将长期并存，"保就业"将是中国今后长期的政治任务。

劳动力是驱动经济的动力，老年化是经济发展的阻力。根据日本、美国、韩国和中国台湾地区的情况，我们可以得到一些观察结果：当劳动力/老人高于 7.5，经济可保持 8% 以上的高速增长；当劳动力/老人低于 7.5，经济将转为 4% 左右的中速增长；当劳动力/老人低于 4.8，经济增长将进一步减速。其中的经济逻辑尚需进一步研究。

由于从出生到 20 岁劳动力有 20 年滞后期，2015 年的人口政策调整只会影响 2035 年后的劳动力/老人。2035 年中国的劳动力/老人将降低到 2.5，开始低于美国，经济活力也将低于美国。当然，影响经济增长的因素很多，人口结构变化只是其中之一（最重要的因素）。人口结构与经济增长的关系非常复杂，各国的情况也不一样。很难仅根据人口结构就能精确地预测中国未来的经济增长；但是可以大致判断，在今后几十年，中国经济不断减速应该是"新常态"。2010 年是 1 个老人对应 7.5 个劳动力，养老已经开始出现问题了；而今后一个老人只对应一两个劳动力，养老压力可想而知，养老金短缺将是今后各届政府面临的难题。

中位年龄是将全体人口按年龄大小排列，位于中点的那个人的年龄。由于一个经济中年轻人越多，该经济的创新活力就越强，所以中位年龄实际上反映了一个经济的创新活力，影响着经济的技术进步率，从而影响了经济的潜在增长率。"后发"不等于必然有"优势"，美国不会停着等人。要缩小与美国的差距，必须使速度超过美国。年龄优势是日本、韩国能缩小与美国收入差距的原因之一。

后发优势只是给出了追赶的可能性和空间，若要成功利用后发优势实现经济增长，需要相当大数量的劳动力的支持。中国大陆不具备日本、中国台湾、韩国当年那么好的人口条件。对于中位年龄，中国 2008 年为 35 岁，2015 年提高到 38 岁，开始超过美国；2030 年中国为 44 岁，美国只有 39 岁；2040 年中国超过 50 岁，美国只有 40 岁。所以，要实现林毅夫教授指出的增长可能性，应该考虑到需要提供哪些条件对中国人口和劳动力方面的劣势予以补偿。

从人口结构分析，中国人口危机开始爆发。停止计划生育并鼓励生育虽然也不可能将生育率提升到更替水平，难以遏制中国经济下行趋势，但是相对于现行政策来说，毕竟还是能够出现一个小的婴儿潮，能够为经济增长增添活力。第二次世界大战后的婴儿潮奠定了发达国家几十年的经济繁荣。以美国为例，20世纪五六十年代，婴儿潮人口带动了玩具、卡通、流行音乐的发展；七八十年代，步入结婚活跃期的婴儿潮人口带动了房地产、汽车业的发展；90年代，步入消费黄金期的婴儿潮人口又带动了个人电脑和互联网的发展。

我们建议尽快停止计划生育，并出台有利于人口发展的政策，尽量让生育率提升到并稳定在2.1以上，这样既能改善近期的内需和就业结构，又能缓解今后的老龄化和劳动力短缺，让中国人口和经济走向持续发展道路。

四、全面二孩政策对中国的影响

根据第一部分的测算，在全面二孩政策下，"十三五"期间中国将多出生400多万个孩子。这400多万个孩子的到来将拉动食品、玩具、母婴医疗、儿童服饰等相关行业的发展。但是中国整体人口结构在不断恶化，比如中位年龄将从2015年的38岁提升到2020年的40岁；20～64岁劳动力与65岁及以上老人之比（代表经济活力）将从2015年的6.46下降到2020年的4.97。因此，"十三五"期间，经济下行压力将不断加大，这增加的7％的孩子嫩弱的肩头根本无力遏止经济下行势头。从人口结构判断，"十三五"期间要实现经济年均增长6.53％的任务，难度非常大。

"十三五"期间，人们最大的收获其实是"人"，而不是经济。"人"的意义是全面的，人口危机不局限于经济衰退、养老危机、光棍危机，更包括人伦危机、人文危机、人权危机、人道危机……人口政策调整的最大意义是"人"，是生命，是人性，是希望，是人伦，是亲情，是权利和自由，是社会和经济的活力。"十三五"时期，人们在"票子"上的收获可能并不如预期，但是人们会更加快乐、幸福，因为收获了"孩子"，觉得生活更有奔头，孩子将世代相传地延续家族和国家的不朽的希望。《易》："日新之谓盛德"。人口政策的"日新"将改变无数家庭的命运，影响今后数十年、数百年的国运，是真正的"盛德"，再多的赞美、讴歌都不为过！

十八届五中全会公报指出，"促进人口均衡发展，坚持计划生育的基本国策，完善人口发展战略，全面实施一对夫妇可生育两个孩子政策，积极开展应对人口老龄化行动"。但是现在看来，全面二孩政策只能暂时地将生育率提升到1.5，今后还将沿着韩国和中国台湾地区的老路继续下降到2030年的1.0左右，根本不可能"促进人口均衡发展"。全面二孩政策由于不能有效提升生育率，也就难以有效"应对人口老龄化"。因此，要实现十八届五中全会提出的这些战略目标，"十三五"期间还得继续快速"完善人口发展战略"，人口政策不能止步于全面二孩。

第四篇 \\\

供给侧改革与中国宏观经济

第 12 章

中国宏观调控体系的升级
——兼论供给管理的历史渊源和逻辑思路[*]

苏　剑

（北京大学经济学院教授、经济研究所常务副所长）

　　提到宏观经济政策，人们往往将其等同于需求
管理政策。供给管理政策虽然也是宏观经济政策的
组成部分，并且在经济实践中经常被采用，但长期
被人们忽视。除了在 20 世纪 80 年代初期昙花一现
之外，供给管理基本上无人问津，在宏观经济学的
教科书里也不作介绍。然而，在调整经济方面，供
给管理政策有其独特的优势。当前，中国提出重视
供给管理，随着供给侧改革在结构调整和经济增长
方面的加力，供给管理作为宏观经济调控政策的重
要性也在日益凸显。可以预期，随着产业结构的不
断调整和经济全球化的不断加速，供给管理政策在

　　* 本章综合了苏剑教授的两篇论文《供给管理的历史渊源和逻辑思路》（载《中国经济报告》，
2016（1））及《从"一维空间"到"二维空间"：宏观调控体系的升级》（载《光明日报》，2015 年 12
月 13 日 07 版），略有调整。

宏观调控中的作用将越来越大。

一、供给管理为何可被用于短期宏观调控

在许多人的心目中，总供给取决于一个经济可用的资源总量和技术水平。而一个经济的可用资源总量和技术水平是个存量，在短期内难以发生大的变化。因此，供给管理被许多人认为只能用于长期调控，如促进经济增长等，在短期内则不适用。这种观点是不对的。

一个经济的可用资源总量和技术水平在短期内难以发生大的变化，因此无法作为短期调控的变量，这一点没有问题。然而，一个经济的可用资源和技术水平的利用率和利用效率在短期内却可以发生大的变化，也是可以通过政府政策进行调控的。而一个经济的可用资源和技术水平的利用率和利用效率则取决于经济活动的参与者所面临的激励。一个经济的资本、劳动力、自然资源、技术等在短期内可能无法发生变化，但生产者的激励却是可以随时变化的。正如供给学派的代表人物拉弗所说："一旦人们面临的激励发生变化，其行为就会随之改变。正的激励吸引人们做一些事情，而负的激励阻止人们做一些事情。处于这种情境中的政府的作用就在于改变人们面临的激励，从而影响社会行为。"因此，调节生产者面临的激励是短期供给管理政策的核心。

作为一个正在从计划经济向市场经济转轨的发展中国家，中国对激励在宏观经济运行中的作用可谓体会至深。实际上，从新中国成立以来中国的任何一次大的经济波动的背后都可以看到激励变动的影子。1959—1962年间的饥荒之所以出现，就在于人民公社制破坏了农民生产的积极性；而此后发生于"文化大革命"期间的对"唯生产力论"的批判，则使得许多人对于发展经济望而却步；国有企业中的平均分配现象也使得工人的劳动积极性下降。20世纪80年代初的农村改革实际上就是激励机制的改革，这一改革大大提高了农民的生产积极性，从而为解决温饱问题奠定了基础，

而屡次提高粮价实际上也是在提高农民种粮的积极性。可以说，中国的农村改革是最成功的供给管理实践。此后的国企改革、金融体制改革、财税体制改革等，实际上都是在设法提高经济活动的参与者的积极性。

因此，不论从理论上还是从实践来看，经济活动的参与者的激励都是可以迅速发生变化的，因而会导致总供给的迅速变化。

二、供给管理及其政策工具

所谓供给管理，就是政府用于调整商品和服务供给的各种手段（除价格手段外）。供给管理政策的工具有以下几种：

——技术进步。许多人认为技术进步是长期的事情，对短期宏观调控没有用。实际上，对于一些特定国家而言，技术进步可以很快，比如技术上比较落后的经济体，可以通过学习和模仿迅速提高自己的技术水平，因而在短期内可以影响宏观经济的运行。但对于美国这个处于世界科技前沿的国家，技术进步在短期内的作用可能会慢一些。但现在也有一些宏观经济学理论，比如真实经济周期理论，认为技术可以在短期内发生变化，因而导致经济波动。

——制度变迁。同样，对于许多制度较为成熟或制度变迁难度较大的国家而言，制度是一个慢变量。但对于中国这样处于转轨过程中且政府倾向于改革的国家，在特定领域的改革可以很快，因而可以在短期内对经济产生影响，比如 20 世纪 80 年代初在农村实施的家庭联产承包责任制。

——调节税收。调节税收相当于调节企业的生产成本，同时也影响到对生产者的激励，因此可以用于短期调控。

——调节要素成本。通过科技进步引入新的原材料或能源，或者通过对外开放引入国外资源，可以降低相关要素的价格，从而降低要素成本。通过资源税或其他形式的税收，可以调节相关资源的使用成本。这些可以对短期总供给产生影响。

——鼓励产品创新。新产品的出现可以给经济创造新的供给，同时创造新的需求，因此它同时是供给管理政策和需求管理政策。新产品刚进入市场时，对消费者的边际效用往往很大，因此需求很大，相应的供给也就是有效供给。

三、供给管理为什么长期被忽视

供给管理之所以长期被忽视，主要原因有三个。

第一个原因，是西方宏观经济学对供给的理解不够。直到现在，虽然西方宏观经济学已经发展到了总供求模型，但宏观经济学对供给的理解依然不能令人满意，也因此才出现了宏观经济学的不同流派，可以说，现在的各个宏观经济学流派的主要分歧就在于对总供给的理解方面。

西方宏观经济学之所以出现这样的局面，主要是因为它是以西方经济尤其是美国经济为基础建立起来的理论，而西方发达经济体面临的主要问题是产能过剩。面对产能过剩，只有两个解决办法：一是减少产能，二是扩大需求。通过政府政策来减少产能往往是做不到的事情，尤其是当减少产能会导致失业的时候。因此，西方宏观经济学应对产能过剩的办法就只剩下扩大需求。这样，需求管理就成为西方宏观调控的主要手段。而且由于西方没有面临供给不足的问题，所以对总供给的研究就不够深入。

但中国这样的发展中国家尤其是前计划经济国家，曾经面临严重的商品短缺问题，一些国家甚至出现过严重的大饥荒，所以如何促进供给就是这些国家宏观调控的主要目标。这些国家对总供给的理解要深入得多，对于如何促进供给有独特的经历和经验，因此，要理解总供给，就需要从这些国家入手。

第二个原因，是西方发达经济体缺乏适当的供给管理政策工具。西方发达经济体的各项制度是成熟的、稳定的，所以在短期内没有制度变迁的空间；技术上也处于世界科技前沿，从别的国家学习和模仿的空间很小，基本上只能通过自主研发实现科技进步，往前每走一步都很艰难，所以技术进步和产品创新也无法作为其短期政策工具；这些经济体一般情况下开放程度较高，原料、能源都基本是国际定价，所以政府也无法调控；减税在西方国家是一件很重要的事情，从相关提案被提交到减税方案被通过，往往需要很长时间，而且难度很大，所以不能频繁采用。综合上述原因，缺乏可以频繁使用的政策工具就成为供给管理被长期忽视的第二个原因。

第三个原因可能来自宏观经济学的起源。作为宏观经济学的开山鼻祖，凯恩斯提出并非常注重需求管理，这可能导致了人们对供给管理的轻视。

四、需求管理与供给管理的渊源

需求管理与供给管理都是宏观调控的手段。二者的历史都是源远流长的，但不同的历史时期宏观调控对二者的倚重不同。在古代，生产力低下，物资贫乏，如何增加生产、促进供给就是那时的主要任务，所以供给管理在古代是主要的宏观调控手段。但需求管理在古代也没有被忽视，由于那时物资贫乏，所以古代需求管理的重点就是抑制需求。中国"勤俭持家"的传统实际上就兼顾了需求管理和供给管理："勤"的目的是促进生产，属于扩张性供给管理政策；"俭"的目的是降低消费，尤其是杜绝浪费，属于紧缩性需求管理政策。"勤俭持家"虽然是针对家庭而言的，但实际上也反映了古代的治国理念。因此，"勤俭"的意思就是供给扩张、需求紧缩这样的宏观经济政策组合。

在中国古代历史上，供给管理的成功案例之一就是春秋战国时期管仲对齐国的治理。为了齐国的富强和齐桓公的霸业，管仲采取了大规模的供给管理措施。据《管子·大匡》所述："桓公践位十九年，弛关市之征，五十而取一。赋禄以粟，案田而税。二岁而税一，上年什取三，中年什取二，下年什取一，岁饥不税。"意思是说，在齐桓公在位的19年中，降低关税率和商业税率至2%，农业税按土地面积征收，且改为两年征收一次；收成好时农业税税率为 30%，收成中等时税率为 20%，收成差时税率为 10%，收成再差就免去农业税。这些税收相对于当时其他诸侯国来说已经很轻了，这种扩张性的供给管理政策有力地促进了齐国经济的发展，为齐国的迅速崛起奠定了经济基础，齐桓公也因此成为"春秋五霸"之首。

到了近代，随着资本主义经济的发展，人类的生产力突飞猛进，就出现了生产过剩的现象。到现在，包括中国在内的大部分国家都存在产能过剩的现象，因此需求管理的重要性就越来越大。

五、供给管理与需求管理应相结合

如前所述，西方国家对总需求理解较好，中国等发展中国家对总供给理解较好，所以，我们可以从西方发达经济体的实践理解总需求，从发展中国家的实践理解总供给，二者综合起来，在抽象掉各自的特异性之后，就可以形成一个统一的总供求模型和一套完整的、具有相当大的普适性的宏观经济理论，这就为宏观经济学的进一步发展提供了一个方向。将西方国家的需求管理和中国供给管理的经验结合起来，可以形成一套同时包括需求管理和供给管理的全新的宏观调控体系，实现宏观调控从只有需求管理的一维空间到结合使用需求管理和供给管理的二维空间的转变。因此，引入供给管理并不意味着要放弃需求管理，需求管理仍是宏观调控的重要手段。引入供给管理只不过是引入了一种新的宏观调控方式，二者的结合能够解决现实世界中存在的多数问题，同时进行多目标管理。

在面临多重政策目标的情况下，供给管理政策和需求管理政策的配合就十分必要。菲利普斯曲线在传统的宏观经济政策理论中占有非常重要的地位。菲利普斯曲线指出，政府的目标只能在低失业高通胀和高失业低通胀之间进行选择；而在考虑预期的情况下，甚至这种选择都不可行。在引入供给管理政策之后，情况发生了变化。理论上说，供给管理政策和需求管理政策的配合可以使失业和通货膨胀稳定在任一水平上。比如，要实现低失业和低通货膨胀率，如果单纯用扩张性需求管理政策，可能会抬高通货膨胀率，这时就可以同时采用扩张性供给管理政策来抑制通货膨胀；而如果单纯用扩张性供给管理政策，则可能会导致物价下跌，物价下跌又可能影响消费者的价格预期，从而导致持币待购现象，降低消费需求，这时就可以同时采用扩张性需求管理政策来稳定物价。因此，供给管理政策的引入可以打破单纯采用需求管理政策时面临菲利普斯曲线的那种被动局面。随着以技术进步为特征的新经济的到来，新产品不断涌现，任何一个经济的产业结构都在不断地调整之中。而对于中国来说，经济的迅速发展更要求产业结构的迅速调整和升级。因此，设计和实施适当的产业政策就成为中国经济政策的重点之一。而几乎所有的产业政策都是供给管理政策。因此，供给管理政策在中国今后将扮演重要的角色。

区域经济政策是供给管理政策的另一重要组成部分。作为一个主权国家的一部分，一个地区的政府没有主权国家政府那样的经济政策手段。比如，一个地区不可能执行货币政策。而如果通过财政政策增加总需求，那么增加的也只是本地区居民的总需求；而本地区居民的总需求中很可能只有一小部分是对本地产品的需求，因而对本地经济的刺激作用有限。其结果是，一个地方政府花了钱，很可能促进了其他地区经济的发展。因此，需求管理政策对于地区来说是不适合的，供给管理政策因而就成为唯一选择。

经济全球化使得一个个国家和地区越来越像主权国家管辖的地区了。各国的经济政策不再独立。商品市场、资本市场的逐步开放都使得需求管理政策的效果越来越差，一国政府需求管理政策刺激起来的总需求很可能不是对本国产品的总需求。但供给管理政策就不一样。供给管理政策的直接受益人就是位于本国主权范围内的相关企业，因此受益最大的是本国企业。其他国家的居民可能也会享受到本国供给管理政策的好处，但毕竟是第二位的。

因此，在调节经济方面，供给管理政策有其独特的优势。可以预期，随着产业结构的不断调整和经济全球化的不断加速，供给管理政策在宏观调控中的作用将越来越大，应用范围越来越广泛，也将越来越受到政策制定者的重视。

六、我国为什么现在提出供给管理

我国现在提出供给管理，一方面是因为具有供给管理的政策工具和经验，另一方面也是因为中国经济目前的发展阶段和制度、技术环境等要求进行供给侧的结构调整。

首先，需要供给管理创造有效供给来扩大消费。目前我国面临产能过剩的局面，扩大需求尤其是消费需求是重要任务。中国消费者在国外的购买行为表明我国有巨大的消费需求，却没有相应的有效供给。有些产品我国具有足够的生产能力，但要么因为厂家缺乏职业道德致使国人对国产货不信任，要么因为国内价格过高，尤其是部分国产货在国内的价格居然高于国际价格，导致消费者宁愿去国外消费。另外，中国的消费升级也要求对供给侧进行调整。中国已进入上中等收入国家行列，随着经济发展和人们收入水平的提高，消费者对产品的质量要求也大幅度提高，如果国内的产品能够满足这类消费需求，消费者就不需要出国购买。

其次，经过30多年的高速增长，我国的要素禀赋结构也发生了巨大的变化，从劳动力富裕、资本稀缺的国家变成了劳动力短缺、资本相对富裕的国家，技术水平也有了大幅度的提升。这些都要求进行供给侧的调整，包括技术、产品结构、制度等方面的调整。

另外，部分过剩产能也需要淘汰。产能过剩问题，既可以通过扩大需求来解决，也可以通过减少供给来应对。我国以前曾通过限产压锭的政策减少了纺织业的低端过剩产能，现在也可以考虑压缩钢铁、水泥、煤炭等行业的产能。但在通过供给管理淘汰落后产能时，尽量不要采取行政手段来确定被淘汰的产能，而是通过提高环境标准、质量标准、生产安全标准等方式来淘汰落后产能，从而最大限度地控制人为因素的干扰，消除寻租空间，避免"劣币驱逐良币"现象的发生。

最后，现在中国需要实现从关注需求数量到关注需求质量的转变。传统的凯恩斯主义政策注重需求数量，不关注需求质量。就货币政策来说，传统的货币政策是通过降低利率来刺激投资的，其结果是，随着利率的降低，投资的预期收益率越来越低，即投资的质量越来越差。如果此后利率突然上升，那么该政策刺激出来的劣质投资就会亏损，相关贷款会成为烂账，烂账规模如果太大就会引发金融危机。实际上，这次美国金融危机就是这么来的。供给侧调整针对的是消费者本来就有但未被我国供给满足的需求，这种需求本就是优质需求，它的增加有助于保证经济的长期健康发展。

七、运用供给管理时要防止陷入计划经济模式

供给管理政策针对的是生产者，因而政府的政策可以直接影响到国民经济生产的微观单位，从而使政策干预的深入和具体程度高于需求管理政策，由此导致人们担心系统的供给管理最终会走向计划经济。因而，在运用供给管理时必须注重发挥市场的决定性作用，应特别强调把供给管理政策的运用建立在充分的市场竞争的基础之上。

这是因为，一方面，只有市场体制的健全和完善才能在体制上鼓励竞争，从而加快技术创新，以激励效率；另一方面，只有充分尊重生产者市场竞争的权利和责任，才能够形成对生产者充分的竞争动力和压力，在体制上形成对生产者足够的刺激和有效的约束。供给管理政策作用的核心恰在于有效地激励和约束生产者，以刺激效率。因此，竞争性的市场机制是使供给管理政策有效的基本制度前提。脱离市场机制的对生产者行为的政策干预，很可能致使资源配置方式行政化，导致政府对市场的替代以及生产者竞争动力和压力的减弱，从而使供给管理政策的效率目标难以实现。

　　换句话说，供给管理政策是政府在承认并尊重市场竞争机制的基础上，对市场中的生产者所面临的激励和约束条件做出的调整，而不是对市场的否定，更不是对市场竞争中生产者权利和责任的否定。越是强调供给管理政策效率目标的实现，越需要强调市场竞争的自由和充分性。

第13章
供给侧结构性改革与学习经济

姚余栋

（中国人民银行金融研究所所长）

一、供给侧结构性改革的必要性

中国经济正处于"向滞而生"的时期，是进行供给侧结构性改革的最佳窗口期。目前，中国的经济情况与 1985 年左右的日本经济情况有诸多的类似之处。无论在人口结构上、老龄化程度上，还是在人均 GDP 水平上（大约为 1 万美元）都非常相似。日本在第二次世界大战之后发展速度很快，到 20 世纪 70 年代曾经达到两位数的增长。而到了 80 年代，日本的经济增速迅速回落至不到 5%。目前，中国的 GDP 增速比当时日本的 GDP 增速还要高一点。

日本在 1985 年签署了《广场协议》，《广场协议》的签订得到日本大藏省（2000 年前日本政府中主管金融财政的部门）的强力推动。当时日本经济发展过热，日元升值可以帮助日本拓展海外市场，成立独资或合资企业。《广场协议》签订后，日元大幅升值，国内泡沫急剧扩大，之后，随着日本央行加息，1991年日本泡沫破灭。很多研究者都没有预计到这么大的经济体会突然出现泡沫，然后日本经济出现停滞。1997年出现了银行破产，日本的大银行出现金融危机，之后日本依靠财政救助银行，并于2000年第一次推出量化质化宽松（QQE）政策。之后，日元开始贬值。但是，日本经济并没有太大的好转。2008年金融危机爆发后，日本开始推行"安倍经济学"和QQE。第一轮QQE比较成功，但是增加了消费税后，日本经济就迅速下滑。现在日本央行已经买下了整个国内市场60%的债券，已没有足够的债券可买了，但是经济依然处于衰退之中，CPI增速根本就不可能达到2%，经济已经再次处于停滞和通货紧缩的边缘。

欧元区可能也会面临经济长期停滞和通货紧缩的局面。欧洲经济日本化，而日本经济又没希望，当然这些国家经济会停滞在生活水平比较高的区间（人均GDP达到4万美元）。为什么会出现经济停滞问题？高债务水平和超老龄社会是主要的原因。日本现在的债务水平已经高达500%了，不增加消费税根本就控制不了。最后再使用极度扩大央行资产负债表的政策，如果这些措施都不奏效，就无能为力了。与之对比，美国是扩大了资产负债表，但把杠杆降下来了，欧洲也扩大了资产负债表，但没有将杠杆降下来，日本也是一样的道理。如果我们依然像日本和欧洲一样，中国经济会不会在二三十年之后出现停滞和通货紧缩？因此，中国经济要"向滞而生"，必须采取供给侧结构性改革的措施，这是很重要的一点。

总结日本经济20世纪80年代后的发展路径：在80年代的时候推行发展经济学，不知道有资产泡沫。1991年泡沫破灭以后，没有及时地清理"僵尸"企业，拖到1997年，银行出了大问题。然后，开始推出量化宽松（QE）政策，在使用QE政策的时候没有采用前瞻性指引，只进行购债。到2008年的时候，推出"安倍经济学"，但是结构性改革的力度太小。在实施

QQE 政策的时候又增加了消费税，使得 QQE 政策的效果大打折扣。随后，又面临大宗商品暴跌，始终无法引导经济走出通货紧缩。因此，中国供给侧改革应做好忍受短期痛苦、打攻坚战的心理准备。攻坚战总要付出代价，必须将供给侧结构性改革的政策落到实处。日本经济在 1991 年泡沫破灭后反复靠财政刺激与极度宽松货币政策来"挺日子"，导致了"温水煮青蛙"，供给侧结构性改革进展不大，2008 年后实施"安倍经济学"为时已晚。日本的经验教训是：不能忍受阵痛，不下决心动手术，就难以解决问题。供给侧结构性改革是中国经济避免"日本长期停滞宿命"的唯一战略抉择。

二、新供给经济学的政策主张

目前宏观经济模型忽略了债务杠杆可持续的问题。凯恩斯在研究经济学问题的时候，还没有较系统的资产负债表概念。到 20 世纪 30 年代的时候，企业资产负债表，包括会计行业也在发展。当时的资产负债表比较简单，只是流量表。凯恩斯所说的有效需求主要是指流量，他创立宏观经济学的时候忽略了资产负债表。在滞胀出现之后，弗里德曼提出了"理性预期"概念。货币供给学派对宏观经济政策的影响比较大，该学派批评凯恩斯的宏观经济分析没有微观基础。到了 20 世纪 80 年代的时候，新凯恩斯主义以非完全竞争市场模型作为微观基础，再加上一些需求因素，形成了各国特别是央行动态随机一般均衡模型的主导，由此推导出的泰勒规则，使得供给曲线也被囊括在这个分析框架里面。但有一点，这些理论模型没有考虑资产负债表。在索洛的经济增长模型中，资产直接变成了投资。如果通过银行部门变成投资的话，是企业部门对银行的负债，没有强调中间是怎么转化的。如果都转成股权了没问题，但是如果都是债权会怎么样？随着经济增长不断放缓，投资收益不断下降，债务就会不断上升，停滞在某一个阶段。从新古典主义到新凯恩斯主义再到理性预期主义，基本上都忽略了资产负债表，而这是不能被忽略的问题。就像过日子一样，如果你总是借钱，开始可以借到，但当你的债务被公布了以后，亲戚朋友也不会借钱给你了。国家也是这样，必须保持债务可持续。目前，在我国杠杆率还没有被整合到整个金融体系里，包括金融资产模型，整合可能需要一二十年时间，这是我们的重大缺陷。因此，中国经济学界一定要认识到，现在的主流经济学有哪些地方是被忽略的。如果继续刺激经济，那么将来杠杆率加上去后谁来管，出了问题谁来买单？

2013年以来，新供给经济学学者对主流经济理论做了一些反思。一是主流经济学理论认知框架的不对称性。古典经济学、新古典经济学和凯恩斯主义经济学都在理论框架里假设了供给环境，然后主要强调的只是需求端、需求侧的深入分析和在这方面形成的政策主张，都存在着忽视供给端、供给侧的共同问题。二是经济学主流教科书和代表性实践之间存在"言行不一"的问题。在经济危机发生后，美国政府投入巨资救助汽车行业，这和市场出清原则不符。奥巴马总统并没有按照这个理论来实施救助政策。同时，在救助美国国际集团（AIG）的过程中美国大量使用优先股，这不是市场出清的。三是政府产业政策等供给侧问题在主流经济学研究中处于薄弱和滞后的状况。

基于此，新供给经济学提出了经济学理论创新的四个方向：一是强调经济学基本框架需要强化供给侧的分析和认知。二是强调正视现实，加强经济基本理论支点的有效性和针对性。比如，非完全竞争应作为深入研究的前提确立下来，因为这是资源配置的真实环境，牵涉大量的供给侧问题。三是强调市场、政府、非营利组织应各有作为，这是优化资源配置的客观要求。四是强调制度供给应该充分地引入供给侧分析，形成有机联系的一个认知体系。

在政策建议上，提出"八双、五并重"。"双创"是指走创新型国家之路和大力鼓励创业。现在出现了创业浪潮，2014年新增企业1 300万家，2015年可能是1 200万家。

"双化"是指推进新型城镇化和促进产业优化。应该坚定不移地搞大都市，不能搞小城镇，小城镇是不适合中国的，若干年后我国的人口将没有现在这么多，我们要把基础设施留给子孙后代。产业优化也是很重要的，包括制造业强国对中国也是非常重要的。

"双减"是指结构性减税和大幅度减少行政审批。其中结构性减税已经做了一部分了，财政部和税务总局已经将企业所得税减半优惠的利润额度提高到30万元，提高的幅度还是比较大的。现在涉及"五险一金"的问题，要赶快解决。一定要把生育险纳入医疗，目前生育险覆盖中国的职工妇女的比例太小了。还要大幅度减少行政审批。十八大以来，新一届政府在减少行政审批方面做了很多工作，也做得很好了，但是还不够，应该再进一步减少。

"双破"是指扩大中国对亚非拉的开放融合，就是现在的"一带一路"，适度扩大在增长方面基于质量和结构效益的投资规模。新供给并不是不强调投资，而是要有有效投资、聪明投资，例如投"一带一路"和都市经济圈的基础设施。现在高铁开通了，给大家带来了很多便利，实际上我们应该把基础设施再提升一级，例如，北京到天津可以修副线，这些高铁和城市铁路设施都是完全可以投资的。对于综合交通枢纽港的建设，不能止步于目前刚好满足消费的基础设施水平，我们与发达国家还是有差距的。

"双转"是指尽快实施我国人口政策中放开城镇体制内的"一胎化"，促进国有资产的收益和存量向社保与公共服务领域转移。现在妇女生育的意愿比较低，总和生育率降到了1.2%左右，这是非常危险的程度。十八届五中全会已经全面放开二胎，希望生育率能提高0.5个百分点，到1.7%左右。另外，还需要将生育险的并入和社会的鼓励结合在一起。十八届五中全会也提到了要促进国有资产的收益和存量向社保与公共服务领域转移。经过测算，至少要划归一半以上的地方国有资产。这100多家国有企业属于国家战略性企业，原则上是不能动的。但是地方上，由于2008年后的四万亿元投资，积累了很多资产，这将是向社保转移的主要部分。目前很多地方社保都发不出来，所以促进地方固有资产的划归是很重要的。我们应实行财政、养老、医疗三分开，财政有很多功能，如发展教育、科技等，不能让养老和医疗拖垮了财政。日本就是这个情况，20世纪70年代财政支付一部分给老年金，经过30多年，形成了巨大的财政支出，无论哪个党派执政，都不敢轻易削减。现在日本的财政，1/3是供老人的，1/3是供开支的，1/3是还利息的。目前我国的财政每年向社保划拨四千亿元，因为我们的父辈时期根本就没有社保，给全国社保划拨资金是对的，但是将来逐渐要退出。财政退出以后，通过五险一金交费的形式，通过划归地方国有资产的形式，来解决社保缺口。财政必须保持它的可持续性。如果让养老拖垮了财政，将来会形成巨大的争议，问题就无法解决了。医疗和养老也要分开。奥巴马离任之前，在最后一次记者招待会上说，美国新增加的医疗保险参保人数为500万人。奥巴马的医疗改革基本上是成功的，增加了医疗保险的竞争力，值得我们关注和学习。

"双进"是指国有、非国有经济应发挥各自优势，协同发展，共同进步，其中包括混合所有制。

"双到位"是指促使政府、市场双到位，市场一定要发挥主体作用，同时政府要更好地发挥监管作用，这两者都是不可或缺的。互联网金融体现了人性的疯狂，我们不断地说底线，真正跑路的大部分都是不管底线的人。在适应市场发展的同时必须要有政府的监督和引导。

"双配套"是指进一步推进"价、税、财"的配套改革，比如房地产税。1998年的房地产改革总体是比较成功的。当时我们的人均住房面积很小，结果现在已经出现过剩了，这是比较出乎意料的。当时做到了宏观审慎，所以今天没有出现房地产引起的银行业危机，但是我们漏掉了房地产税。房地产税收不了，没有主要税种。怎么推行房地产税？这就是新供给悖论：房价在跌的时候，越推行房地产税，去库存越无法完成。

"五并重"是指五年规划与四十年规划并重，法治经济与文化经济并重，海上丝绸之路和陆上丝绸之路并重，柔性参与《跨太平洋伙伴关系协定》(TPP) 与独立开展经济合作并重，高调推动国际货币体系改革与低调推进人民币国际化并重。TPP 也是很重要的，对于中国来说将来也要柔性参与，这是改革开放下一步的目标。TPP 对国有企业的要求没有预想的那么高，但加入也有一个过程。与此同时，我们还得把自贸区等很多领域搞好。

三、学习经济

十多年前笔者写过一本书叫《学习型经济》，主要研究科学革命方面的问题。认为生产力是沿着渐进性改革—突发性革命—渐进性改革的路径发展的。生产力是一定会发生革命的，这是迟早的事情，而且这种革命是今天根本想象不到的。当时的工业革命，谁能想到呢？现在互联网可能就要过时了，区块链会形成。科学不断向前发展，带来技术革命，供给曲线可能会突然右移，在这种情况下，一个经济体很难适应，一定要发展学习型经济。

一是要重视商品市场上的反垄断，允许完全竞争和寡头竞争；二是要重视劳动力市场，十八届五中全会通过的《中共中央关于制定国民经济和社会发展第十三个五年规划的建议》中提到了增强劳动力市场的灵活性，这是很重要的一点。中国的优势在于人，因为我们的传统就是勤劳勇敢，同时又是开放包容的。人的作用一定要发挥到最大，一个经济体一定要创造就业机会，这是欧洲经济和日本经济没有做到的，中国经济应该可以做到，一定要让大家都能有工作。要重新评估一下《劳动合同法》，要增强劳动力市场的灵活性。现在劳动力市场还是不错的，但是不能搞僵化了，例如农民工能不能跨区域找工作，这都是灵活性方面的问题，是我们长期发展的关键点。

资本市场一定要成为主导。为什么不是银行？这是笔者十几年前写的，看看今天的金融危机，凡是以银行间接融资为主的市场都没有创新的内在动力，欧洲、日本就是这种情况。中国一定要走向直接融资，将来一定是以资本市场为主导。而我们现在的市场结构是二八开，八主要是银行融资。

银行总是要出现坏账的，但也不能完全怪银行，因为实体经济有很多风险，一定要平摊到资本市场上来，将来才能保证一个经济体能妥善地分散风险，这样才能创新。

供给侧改革要忍受短期痛苦，打攻坚战。要去杠杆，就是要用优先股，大量使用债转优先股。当时日本银行持有很多普通股，银行是管不了企业的，企业债务怎么办呢？其实转成优先股就行了。房地产去库存过程中可试行共有产权。将来面对4亿~5亿的农民工进城，建议推进共有产权。地方政府或者开发商持有一半产权，另一半让农民工买或者租。现在平均房价与农民工的长期收入相比还是过高。推广共有产权，农民工才能有供房子的内在动力。去产能或许可考虑与及时修改建筑业标准相结合，通过改善城市规划、建筑用钢量等标准实现部分去产能目标。

降成本可考虑贷转债，贷款大量地转成债券。现在一般的贷款利率都是6%~7%，如果转成债券就是4%了，10万亿元一年能省2 000亿元。应尽快下调五险一金。深圳养老金的交付比例是很低的，上海最高，北京处于中间。一个全国性的企业就不愿意在上海雇人，上海的老人多，因为是现收现付制，所以养老的重担落在年轻人身上，企业的负担很重。深圳的年轻人很多，老人相对少一些，养老金交得很低，这就促使深圳越来越好，其他老龄化城市则越来越不行。短期经济下行的问题要放在长期来解决，养老金无须下调，至少现在还没出现缺口，等经济总量高了终究会交出来的；随着经济好转，按照国际经验优先股是可以收回来的；在共有产权方面，只要让农民工进城，房价涨起来以后，逐渐会把产权买回来的。所以我们要把中国短期面临的问题放在长期来考虑。

第 14 章
聚焦供给侧结构性改革，构建"十三五"开局新动力

黄剑辉　应习文

（民生银行研究院院长　民生银行研究院宏观研究中心副主任）

　　2015 年全球经济在曲折艰难中前行，对货币宽松等需求管理政策的过度依赖，以及地缘政治冲突的升级都加剧了经济复苏的脆弱性。中国经济增长告别 7 时代，全年增长 6.9%，消费、投资与出口均出现下滑，居民消费价格保持低位，工业领域通货紧缩压力加大。但经济结构加速优化调整，新产业、新业态不断涌现，就业状况良好。

　　展望 2016 年，全球经济要彻底走出此轮困局，必须致力于推进供给侧结构性改革。中国经济将在十八届五中全会精神的指引下，全面启动"十三五"规划，并将加快构建新型宏观调控的政策框架——"改革开放创新＋财政货币政策"，核心是通过提高供给体系质量和效率来打造经济发展的新型驱动力。预计随着增长新动力的不断显现，2016

年我国经济有望结束下行、逐步企稳，实现 6.7% 左右的经济增长，向全面建成小康社会的目标迈进一步。

一、全球宏观经济形势展望

2016 年是全球金融危机后的第 8 个年头，世界经济仍深受危机拖累，复苏之路艰难曲折，全球经济已进入深度结构调整期，尽管除美国外主要发达国家仍在进行大规模需求刺激，但政策效力开始递减。供给侧的结构调整、技术创新尚未形成带动经济走出低迷的主导力量，低增长、低通货膨胀和高失业、高负债仍困扰着全球经济复苏。随着经济全球化进入盘整期，各主要经济体经济增速和宏观政策呈分化趋势。

（一）全球经济继续呈现深度结构调整特征

全球性需求不足的背后是供给侧的失衡。从表面来看，国际大宗商品价格的暴跌表现出的是全球性的需求不足，但背后的实质是发达国家与发展中国家之间供给侧结构性失衡。

从资本面看，危机后遗症依然残存，全球经济仍难以恢复到高增长轨道上来。2016 年将是全球性金融危机和经济危机后的第 8 个年头，但全球经济可能依然增长乏力，仍未完全摆脱金融危机的后遗症。一方面，金融危机后生产资本投资难以快速恢复，信贷政策将长期趋于避险偏好而变得更加严格。另一方面，金融危机的救助工作显著提升了公共部门的债务水平，导致了长期的财政紧缩及更加严格的政府支出。

从劳动力看，人口老龄化与全球经济不平衡加剧了有效供给不足。一方面，高收入国家陷入"低生育陷阱"，而高生育国家则陷入"低收入陷阱"；另一方面，金融危机伴随的深度衰竭与长时间的失业阻止工人寻找工作并迫使他们退出劳动力市场，从而长时期降低劳动力参与率。

从全要素生产率来看，全球技术、制度红利有减弱趋势。尽管近年来互联网技术、第三次工业革命以及新能源技术取得了较大突破，但这些突破大都集中在发达国家，其再工业化战略导致全球技术转移受限。再加上前几年发展中国家陷入资本流入和输出资源的"陷阱"，技术上与发达国家的差距拉大。同时，大量的地缘政治冲突也导致发展中国家制度改革进展缓慢甚至倒退。

因此，这种全球性的需求背后的原因在于供给侧，显然不是单纯的需求刺激措施（宽松的货币政策）所能解决的。而当前全球各国的需求侧经济刺激政策均没有对症下药，无法解决根本问题。全球经济要彻底走出此轮困局，必须致力于推进供给侧结构性改革。

（二）货币政策不同步与债务问题将普遍困扰各国

各国复苏进程仍将呈现两重分化。第一重为发达国家和新兴市场国家之间的分化，发达国家经济复苏进程将继续领先于新兴市场国家。第二重是在发达国家内部和新兴市场国家内部，也将继续分化。在发达国家内部，目前美国经济的复苏态势较好，而欧元区与日本的复苏进程仍较为艰难。在新兴市场国家内部，印度、越南、印度尼西亚等国增长较快，而巴西、俄罗斯等国仍难以走出衰退。

全球货币政策不同步可能会持续较长时间，这将加剧全球经济的失衡问题。目前来看，欧洲、日本等主要发达国家仍将在较长时间内实施超宽松的货币政策，甚至在未来还有扩大的可能；美国由于复苏进程较快，将率先加息，可能导致全球资本回流而造成全球性的流动性收缩和去杠杆化；部分资源输出型新兴市场国家则在高通货膨胀中收紧货币政策，将面临滞胀风险。

高债务问题仍将困扰各国。政府对危机的救助以及高福利政策使许多国家主权债务压力加大，希腊、日本等国债务率保持高位，尤其是希腊在2016年仍将面对债务到期问题。"去杠杆化、去债务化、去福利化"进程还要持续数年，这将显著拖累这些国家经济的增长。

（三）全球贸易规则重塑和地缘政治冲击仍将影响复苏进程

全球贸易规则重塑使得全球贸易与投资自由化遭遇挑战。在 WTO 等全球贸易投资规则之外，目前有关国家正在积极构建区域化的贸易投资体系，而这些体系可能形成新的竞争，从而使得全球贸易与投资自由化遭遇挑战。除了较早成立的东盟、欧盟、北美、亚太经合组织等区域贸易组织外，《跨太平洋伙伴关系协定》（TPP）、《跨大西洋贸易与投资伙伴关系协定》（TTIP）、区域全面经济伙伴关系（RCEP）、中日韩自由贸易区、欧日自贸区以及中欧自贸区等新的贸易投资体系正蓄势待发，意图逐渐取代现有的世界贸易组织（WTO）和亚太经济合作组织（APEC）等平台。这种区域性贸易投资协议竞争加剧的格局，使得未来国际贸易或投资冲突爆发的可能性明显上升。

地缘政治冲突将带来不稳定因素。随着新兴国家经济的迅速发展，全球经济和战略资源正在逐步东移，国际权力结构正发生深刻重组，东西方冲突、宗教冲突仍将长期存在，导致地缘政治冲突纷争增多且更加复杂，对世界政治经济格局的影响不断显现，地缘政治变化及再平衡风险给世界经济增长带来了很多不稳定因素。

（四）主要国家 2016 年经济走势展望

美国经济持续温和复苏，但加息进程将极为缓慢。美国经济在危机之后经历了深度的结构性调整，得以从危机中率先复苏。然而，其复苏将不断受到全球整体经济环境的拖累。作为全球第一大经济体，长期来看，美国经济脱离全球基本环境而"一枝独秀"的格局难以持续。假设美国经济进入高速轨道，美元汇率的上升将严重打击其出口，并阻碍本土制造业的回归，从而放缓复苏脚步。因此即使美联储进入加息进程，预计其进程也将极为缓慢。整体来看，预计美国 2016 年全年经济增长 2.7%，略高于2015 年。

欧元区仍在低增长区间徘徊。欧元区复苏的基础仍不牢固，原因在于其经济结构调整并不充分，复苏主要受益于美国经济增长的外需刺激以及QE政策的内需刺激。2016年欧元区复苏仍将面临三大挑战：一是希腊债务问题仍未彻底解决，仍将困扰经济复苏；二是地缘政治困扰犹在，包括难民问题、俄乌冲突、恐怖主义等因素；三是结构性问题仍然突出，包括老龄化、国家间的经济融合等问题。预计2016年欧元区经济增长1.6%，略好于2015年。

英国经济增长面临减速。英国经济的复苏依赖于房地产、金融、旅游等产业，而制造业占经济的比重逐年下滑，实体经济的竞争力弱于美国。2016年英国经济增长可能有所放缓，对此英国央行的加息决定也将推迟。预计2016年英国经济将增长2.2%，较2015年有所回落。

日本经济仍将在微弱复苏与衰退中徘徊。安倍"旧三支箭"逐步失去效果，而"新三支箭"（第一支是孕育希望的强大经济，第二支是构筑梦想的育儿支援，第三支是安心的社会保障）更致力于从社会层面出发改善影响日本长期增长的结构问题（特别是人口问题），但目前来看安倍要实现宏伟目标仍需跨越三道坎。一是巨大的财政压力，二是外部环境承压，三是结构性改革短期难以见效问题。预计2016年日本经济将微弱增长1.0%，略好于2015年。

"金砖国家"继续分化。印度仍将保持较快增长，但随着美联储的加息，也将面临一定的资本流出压力。预计2016年印度经济增长7.0%，略低于2015年的增速。俄罗斯与巴西的经济衰退将有望缓和，国际能源价格的下降空间有限，2015年或许是俄罗斯与巴西经济最糟糕的一年，预计俄罗斯2016年经济收缩0.5%，好于2015年。巴西召开里约奥运会能对经济发展起到一定的刺激作用，预计其2016年经济收缩1.0%左右，同样好于2015年。南非保持低速增长，电力短缺和基础设施的落后将长期制约其经济发展。预计南非2016年经济增长1.3%左右，与2015年持平。

二、2016 年中国宏观经济形势展望

2016 年是"十三五"规划的开局之年，总体上看经济形势仍然比较严峻，但随着增长新动力的不断显现，有望结束下行、逐步企稳。预计宏观调控将着力从供给、需求两端强化，"中西医结合，标本兼治"，"改革开放创新＋财政货币政策"共同发力。从中长期研判，中国经济发展空间仍然巨大，"深化和落实改革开放"、"加快向创新驱动转型"必将成为推动中国经济尽快实现国际竞争力及质量效益显著提升、经济结构不断优化、生态民生持续改善的"新增长"、"新发展"之关键。在中国经济暂别"7"时代的背景下，"十三五"规划必将勾勒出中国经济的新未来。

（一）经济筑底企稳，增长新动力逐步显现

2016 年随着增长新动力的不断显现，我国经济有望结束下行态势逐步企稳。2012 年以来，随着我国经济进入"换挡期"，经济增长面临"三期叠加"的压力，GDP 增速连续 11 个季度呈下行趋势，到 2016 年，这种下行压力必然存在一定的惯性。但从积极因素来看，我国经济结构调整和产业结构升级逐步提速，新型工业化、信息化、城镇化、农业现代化相互融合、深入推进，内需和供给潜力巨大。实施新型城镇化发展战略，大众创业、万众创新氛围逐步形成，新兴产业加快发展，新的增长动能正在加快孕育，全面深化改革开放将释放更多制度红利，创新驱动力日益增强。就业形势稳定，房地产行业下行态势减缓，基建投资继续加快，"稳增长"的政策措施累积效应、合力作用持续显现，企业生产经营成本下降、适应市场自我调整的步伐加快。特别是十八届五中全会描绘了今后五年我国经济社会发展蓝图，明确了新的目标要求、发展理念和重大举措，也有利于增强市场信心和激发社会活力。综合来看，我国经济仍然具备中高速发展的条件和潜力，预计 2016 年 GDP 增长将由下行趋势转为企稳趋势，全年有望实现

6.7％的增长。

从供给侧看，大众创业、万众创新带动新型制造业与服务业加快发展，成为推动经济增长的新动力。《中共中央关于制定国民经济和社会发展第十三个五年规划的建议》（以下简称《建议》）强调，创新是引领发展的第一动力，把"创新发展"放在新的五大发展理念的首位，大众创业、万众创新正在中国大地上蓬勃兴起。未来"双创"将重点服务于新型制造业和服务业两个领域，其中，服务业领域通过创新植入互联网基因已爆发出强大的生命力，正在不断涌现以创新为核心竞争力的企业，甚至不少创新企业已开始倒逼制度改革（如专车等）。预计2016年全年工业增加值将同比增长5.7％左右，其中新型制造业增速将明显快于整体工业水平，服务业将增长8.6％左右。

从需求侧看，消费升级和聪明投资将成为拉动经济增长的新动力。人民对于美好生活的向往是社会需求的源泉，未来居民消费由传统的衣、食、住、行等基本需求向对美丽环境、文化娱乐、高等教育的高端需求升级，蕴含着巨大的需求增长潜力。同时，针对这些新需求的有效供给则需要鼓励"聪明投资"，把政府"有所为有所不为"的结构性导向与"让市场充分起作用"的配置机制和多元化主体合作制约下的审慎务实、高明聪慧的项目科学决策融为一体。预计2016年全年社会零售品消费总额将增长11％左右，固定资产投资将增长9.5％左右。

在"一带一路"战略的引领下，构建我国对外开放新格局将成为带动经济增长的新动力。"一带一路"战略与自贸试验区扩大试点，将全面提升我国对外开放水平，促进开放，倒逼改革。"一带一路"战略将加快提升我国与周边国家交通基础设施的互联互通水平，并形成区域交通运输一体化，促进资源要素的有效流动。此外，"一带一路"沿线国家，无论从国内需求还是未来区域经济合作来看，对于基础设施建设的需求都比较旺盛。预计"一带一路"战略实施后，沿线地区基建需求量将增加到每年1.05万亿美元。此外，"一带一路"战略还将在能源合作、通商文化、信息产业和自贸区建设方面对我国及沿线国家经济起到拉动作用。预计2016年我国出口将同比增长5％左右，进口将同比下降5％左右。

（二）价格企稳，货币宽松，财政发力，企业微观环境逐步改善

从价格因素来看，2016年我国面临的通货紧缩压力将有所缓解。一方面，全球主要大宗商品价格进一步下跌的空间有限，将开始在低位企稳，从而减少我国的输入性价格下行压力；另一方面，随着整体经济的筑底企稳以及宽松货币政策效果的显现，企业的下游需求有望出现好转。预计2016年PPI全年同比下降2％左右，较2015年下降幅度减小，CPI全年增长1.7％左右，略高于2015年。

货币政策仍将在稳健的基调下保持适度宽松。一是实体经济融资难、融资贵问题仍然存在，需要以相对宽裕的流动性降低实体企业的融资成本。二是社会总需求仍然偏弱，需要在需求侧保持一定的刺激力度。三是需要为地方政府债务发行提供有利的利率环境，同时减小存量债务的压力，防范可能发生的违约风险。四是美联储加息后为应对资本外流，需要提供充沛的流动性。在这种情况下，预计2016年货币政策仍将在稳健的基调下保持适度宽松，为"稳增长"保驾护航。预计2016年仍有一次降息和多次下调存款准备金率的空间，M2同比增速在13％左右，一年期存款利率水平不太可能降至1％以下。

财政政策将继续发挥稳增长、调结构、惠民生的作用。一是财政赤字将更加积极地支持"稳增长"，预计2016年将安排公共财政赤字1.8万亿元左右，预算赤字率由2015年的2.3％增加到2.5％左右。二是在收支矛盾突出的情况下，调整优化财政支出结构，发挥存量作用，同时实施好结构性减税政策。三是大力推进规范政府与社会资本合作（PPP），塑造政府重法治、工作透明、讲信用的环境，推进PPP融资支持基金尽早运作。四是继续深化财税体制改革，全面完成"营改增"改革任务，深化预算管理制度改革，加强政府债务管理。

在价格企稳，货币、财政政策双发力的有利环境下，预计 2016 年实体企业的经营环境将有所改善，融资难、融资贵的困境将有所缓解，企业将切实享受到政府简政放权、为企业减压减负带来的实惠，并助力实体经济企稳回升。

（三）加快推进供给侧结构性改革成为宏观政策的主基调

党的十八届五中全会审议通过了关于"十三五"规划的《建议》，提出"创新、协调、绿色、开放、共享"五大新理念，为我国全面建成小康社会开启了新的征程。2015 年 11 月 10 日，习近平总书记在中央财经领导小组第十一次会议上首次提出，要"在适度扩大总需求的同时，着力加强供给侧结构性改革"。这一新的表述标志着中国宏观管理思路的重大变化，将会构筑起下一阶段经济发展的新型驱动力。2016 年，供给侧结构性改革将成为宏观政策的主基调，并为促进经济长期可持续发展奠定坚实基础。

扭转经济下行趋势的政策重点将转向落实五中全会精神，启动"十三五"规划，并加快构建新型宏观调控政策框架——"改革开放创新＋财政货币政策"，以实现标本兼治、长短结合，核心是通过提高供给体系质量和效率来打造经济发展的新型驱动力，促进经济结构转型升级和可持续健康发展，持续改善生态、民生，实现全面建成小康社会目标。

从具体措施看，一是完善市场经济制度，促进制度供给。放开价格管制，为市场和投资者提供真实可靠的价格信号。加快推动生产要素市场化改革，健全现代产权制度，优化平等竞争的法律环境，完善企业破产退出制度。进一步简政放权，强化市场调节功能。

二是提高劳动力流动性及其素质。在全面放开二胎的情况下注重劳动力质量与结构的提升，将"人口红利"转变为"人力资本红利"，在劳动力要素上实现供给升级。

三是加快土地制度改革。尽快修改国有和集体土地上房屋征收与补偿的相关规定，助推投资项目落地。探索"股田制"等土地制度的变革实践，并借鉴国际经验优化农业发展模式，以加快推动农业现代化，进而带动农村和农民现代化。

四是积极推进金融体制改革，增加金融供给。加快推进人民币汇率市场化改革和基准利率形成机制改革；探索建立不同规模、多元化的经营机构，解决小微企业融资难问题；健全多层次资本市场体系，大力发展直接融资。

五是加快推进国企改革。规范完善现代企业制度，以管资本为主加强国有资产监管，推动企业兼并重组和混合所有制发展，抓紧处置"僵尸"企业，提高国有资本配置和运行效率，增强国有企业活力和竞争力。

六是构建产业新体系。加大对工业基础设施和智能制造、绿色制造、服务型制造重点示范和产业化的支持力度。

七是支持科技创新，推动"双创"，弘扬企业家精神。鼓励企业加大研发投入，扩大高校、科研院所成果转化处置权限，推动大众创业、万众创新，加强对知识产权的保护。

八是加强节能环保，打造美丽中国。加大对大气、水、土壤污染防治和农村环境综合整治等投入力度，建立用能权、用水权、排污权、碳排放权初始分配制度。促进环境友好技术及产品的推广，支持建立绿色低碳循环的产业发展体系，促进绿色发展和美丽中国的建设。

第五篇 \\\

2016 年中国房地产市场展望

第 15 章
中国近中期房价：趋势与影响因素

邹士年

（国家信息中心经济预测部研究员）

房地产预测一般是基于一定的前提条件，但是只要调控政策有变，预测也会改变。笔者按预测时间跨度划分为两个部分——2016 年的短期预测和中长期预测，分别分析今后的房价走势及影响因素。

一、2016 年房地产价格预测：趋势

2016 年房地产的价格预测，首先，整体上的判断是房地产价格处于上升的趋势。当然，上升的幅度不会太大，价格走势将表现为前高后低。其次，2016 年的房地产在价格上的区域差异还会延续，有可能会继续拉大，尤其是一二线城市出现量价齐升的局面，三四线城市有可能是量升、价格稳定。再次，不同类型的房地产差异继续加剧，相比

区域间的差距，不同类型地产间的差异可能更大，尤其是住宅、写字楼、商业店铺。写字楼和商业店铺的部分，尤其是商业店铺，受互联网商业的冲击是非常大的，原来叫"一铺养三代"，现在估计"三铺养一代"都很难了，这表明商业店铺部分受到的影响很大。在写字楼方面，最主要还是由新兴产业支撑的写字楼，尤其是 IT 或者高科技产业，在北京的写字楼依然还是比较火的。在一些中小城市，这种写字楼可能就非常不景气了。

另外需要注意的是学区房，已经显示出相当的风险。随着教育资源的均等化，学区房的价格肯定不会走高，只会往下。这在现实中已经得到证明，到现在为止，北京市很多区域的房价是涨的，但有人买了中关村的学区房到现在一直没涨，而这是正常的现象。教育部新近出台的文件指出，教育的均等化已经成为长期的趋势，将来有可能你买的是学区房，上的却是这个学区中较差的中学，他买的不是学区房，可能上的是好的中学，所以学区房概念估计不能再炒了。

二、影响 2016 年房地产价格的因素分析

这里分析一下影响 2016 年房价的因素。其实提到影响价格的因素，学经济学的人都知道这非常简单，就是供给和需求，目前供给方面不用多讲，这么多的库存仍在，这里着重分析影响需求的因素。第一个影响因素就是政策，本届政府对于房地产市场的态度一直是比较谨慎的，前期总体还是比较抑制的，重点谈住房保障；但是，从 2015 年的政府工作报告中对房地产的定调开始相对平稳和积极，比如稳定住房消费、存量房转保障房、推进住房公积金改革、危房改造纳入棚改、推进信贷资产证券化等。2015 年推出的一系列宽松政策更是凸显了中央对房地产态度的转变，最终，中央经济工作会议明确把去库存作为 2016 年结构改革的五大任务之一，以至很多人揣测中央开始关心房地产问题就说明房地产确实有问题了，其实至少

在短期一切没有想象得那么好,当然也没那么坏。

现在对于房地产最大的问题就是去库存。而如何去库存? 现在认为比较合理的看法是让农民买房,但"理想很丰满,现实很骨感"。这里有两个疑问,第一,农民的钱从哪儿来? 能买得起的估计已经买了,这是收入分配的问题,这里不再赘述。第二,城市能为购房农民工提供足够的就业机会吗? 在常住人口调查中,2.7 亿农民工能够也愿意在城里买房的比例仅不足 1%,因此,将农民购房作为解决房地产库存的对策,实施起来的难度非常大。又有人提出产权共有的方式,有些地方已经开始试点,也伴随着很多问题,升值或者贬值后都会产生分割的困难。

在消化库存方面,2015 年中央的政策力度已经非常大了,五次降准、五次降息,还有放宽二套购房政策等等。但是,既然中央已经定调去库存了,2016 年还有很大的政策空间。

第一,政策会进一步放松,比如降首套首付、调整普通住宅标准、税费改革、放开户籍制度等。当然,户籍制度的意义可能不大,但是这个政策可能在储备政策之内。目前大城市的户籍制度不可能轻易放开,在库存高的地方,其实户籍制度放开的作用也不大。

第二,对 2016 年房价直接推动最明显的也许就是地方的政策。地方政策给予的优惠对购房者来说是切实可见的,比如 2015 年开始芜湖契税补助 50%,广西北海按房款总额的 1% 给予补贴,浙江富阳区最高一次性补贴 80 万元。即使在北京补贴 80 万元也是很高的了,当然富阳的那个 80 万元也不是一般人就能得到的,必须符合一定的人才条件。2016 年各个地方政府的政策力度肯定会加大,因为中央已经允许了。土地财政只要还存在,地方政府刺激住房需求的动力就在,这是 2016 年推动住房销量上升、价格稳定的非常重要的一个因素。

第三,人口因素。表 15—1 给出了最近五年部分一二线城市的人口流动情况,这个指标也可以作为投资房地产的参考,表中反映出一二线城市将来仍然有一定的空间。2009—2014 年,上海人口的净流入是 504 万人,北京是 396 万人，天津是 288 万人，广州是 275 万人。住房最终还是看人口，这是支撑住房需求最现实的因素，尤其现在住房投资的这种功能被弱化后。

表 15—1　　　　部分一二线城市人口流动情况（2009—2014 年）　　　单位：万人

城市	2009 年人口	2014 年人口	流入人口	城市	2009 年人口	2014 年人口	流入人口
上海	1 921	2 425	504	南昌	464	524	60
北京	1 755	2 151	396	福州	684	743	59
天津	1 228	1 516	288	贵阳	396	455	59
广州	1 033	1 308	275	青岛	850	904	54
东莞	635	834	199	大连	617	669	52
深圳	891	1 077	186	南京	771	821	50
郑州	752	937	185	宁波	719	767	48
成都	1 286	1 442	156	沈阳	786	828	42
佛山	599	735	136	济南	670	706	36
重庆	2 859	2 991	132	无锡	615	650	35
厦门	252	381	129	呼和浩特	268	303	35
苏州	936	1 059	123	昆明	628	662	34
武汉	910	1 033	123	合肥	735	769	34
温州	807	906	99	常州	445	469	24
杭州	810	889	79	石家庄	1 038	1 061	23
长沙	664	731	67	南宁	666	685	19

第四，供需比，就是供给与需求的对比。表 15—2 为我国 35 个城市的供需比，这也能够印证为什么深圳的房价持续上涨。供需比就是住房供给面积与需求面积之比，需求是按照前几年均衡的需求量来算的。一般供需比小于 1.1，表示供需关系处于合理区间，1.1～2 之间属于相对均衡区间，供需比大于 2.0，就属于供需失衡。供需比在 1.1 以下、位于合理区间的城市仅有 7 个，其中房价最高的深圳供需比数字最小，仅有 0.57。供需比低的城市，未来房价有可能会继续上涨。还有很多城市的供需比很高，未来去库存的效果令人担忧。

表 15—2　　　　　　　35 个大中城市房地产供需比

城市	供需比	排名	城市	供需比	排名	城市	供需比	排名
深圳	0.57	1	西安	1.55	13	济南	2.25	25
福州	0.86	2	海口	1.60	14	昆明	2.39	26
上海	0.91	3	南京	1.63	15	哈尔滨	2.39	26
合肥	0.91	3	宁波	1.63	16	太原	2.80	28
石家庄	0.94	5	长沙	1.70	17	呼和浩特	2.81	29
广州	1.00	6	郑州	1.73	18	青岛	3.07	30
北京	1.04	7	西宁	1.73	18	长春	3.27	31
成都	1.17	8	武汉	1.89	20	兰州	3.70	32
厦门	1.28	9	银川	1.99	21	沈阳	4.32	33
天津	1.33	10	南宁	2.03	22	贵阳	5.33	34
杭州	1.38	11	重庆	2.03	22	大连	7.18	35
南昌	1.48	12	无锡	2.22	24			

　　以上是本章对 2016 年的房价支撑因素的判断,尤其是地方的政策推动,还有就是中国仍有一定的刚性需求存在,尤其是还有一定的 80 后甚至 70 后人口高峰的需求阶段。

三、中长期房地产市场价格趋势及影响因素分析

(一) 中长期房价趋势

　　中长期,在一线城市,热点城市,国家战略布局的地区,像京津冀布局及北京周边的城市,以及一些旅游城市,像海南、三亚等气候环境条件比较好的地区,房价还是有上涨机会的。还有一些新兴城市,像沿边的一些口岸城市,比如"一带一路"和西南地区高铁打通的边境城市,房价还是有一定上涨空间的。但是绝大部分二线城市房价上升空间非常有限,三四线城市房价会回落。再就是新兴业态对商业地产的冲击还会加剧,像养老地产、旅游地产的价格有可能还会继续上行。

（二）中长期房价的影响因素

长期支撑房价的因素，第一个因素就是城镇化率。统计数据显示，2014 年底我国的城镇化率只有 54.77％，而一般发达国家是 70％～80％，似乎我国城镇化率的提升还有相当大的空间。但本章观点有所不同，鉴于我国的国情，我们国家的城镇化率短期内达到 70％～80％的难度是非常大的，所以不要太乐观地预计城镇化率对将来的住房需求的拉动。

第二个因素是新增人口。这是大家特别关注的一个因素，2015 年之后，也就是"十三五"、"十四五"期间，谁是房地产的主要需求者？目前数据较少，但是推算的结果也是相当令人吃惊的。理论表明，住房需求要考虑购房年龄，有人说中国买房的年龄偏年轻，比美国人早一代，中国的平均购房年龄，有机构分析是 27 岁，我们用自己直观的判断在 25～40 岁之间。那么，未来 5～10 年的主力购房者就是 20 世纪 90 年代出生的人。而中国90 年代出生的人口比 80 年代少了 4 806 万人，这个数据是相当惊人的，而80 年代比 70 年代多了 1 亿多人，2000—2009 年比 90 年代又少了 1 300 万人。这与我国长期执行的生育政策有关，2013 年的生育率是 1.24，而世界平均是 2.5，我们不到世界的一半，情况比较严重，计划生育政策现在全面放开都已经晚了。现在放开二胎也没有那么乐观，因为只要不是体制内的职工，二胎早就有了，会对房地产需求产生影响的就是体制内职工的二胎，而体制内职工的收入水平较低，放开二胎也没有多少人选择生育，所以二胎政策对于人口的影响实际上不是想象中那么大。本章提出一个大胆的预测，中国从不让人们生育到鼓励人们生育的时间间隔将会是非常短的，人口计划生育政策对中国未来的影响比较大，而不只是住房的需求。

第三，从供给层面来看，主要的影响因素还是存量房。但实际上关于存量房的数据，我国目前应该还是一笔谁也不清楚的账。因为我们还有大量的小产权房等等无法准确统计的存量房屋。未来的十年，中国已经进入存量房时代，二手房交易会逐步超过新房。对房地产存量销售最敏感的是地产商，它们已经"鸭先知"了，2015 年与销售回暖、投资下滑的现象相比，拿地同步出现断崖式的下跌，全年一直保持着负的百分之三十几的速度下降，任何一个指标，不管是上升也好，还是下降也好，得有一个持续性，现在断崖式的下降，对将来也有影响。

第四，对于未来房价具有支撑作用的还有货币增速。外汇占款减少对货币增长会产生较大的下行压力，现在我国的外汇占款正在逐步减少，将来货币的供应基数又比较高，货币增速放缓应该是常态了，从货币的这个层面来看，对将来高房价的支撑也不复存在。

四、小结

从长期来看，房价是让人担忧的，下行是迟早的趋势。但是，作为房地产的研究者，与房地产消费者看问题的角度还是不同的。虽然现在很多专家提议房地产商降房价，作为消费者也希望降房价，但是作为研究者这么想是不对的。如果开发商降房价了，有人愿意买吗？众所周知，这跟买股票一样具有买涨不买跌的道理。所以，对社会民众最好的去库存方式是房价不出现较大幅度下跌，并且销售量上去，加快把库存去掉。

第 16 章
房地产市场分化的原因及去库存调控的逻辑矛盾

尹中立

（中国社会科学院金融研究所金融市场研究室副主任、副研究员）

谈到房地产市场，估计所有人都有同样的困惑。笔者开始研究房地产市场是十年前，当时的北京房价在每平方米 1 万元左右，但自己月工资只有 2 000 元左右，囊中羞涩，因为现实的需要，产生了对这个问题进行观察分析的兴趣。一开始把注意力放在房地产投机行为上，认为是浙江温州的炒房团把北京的房价炒起来了，笔者曾经写了一篇抨击的文章，核心观点是政府应该打击温州炒房团。回过头来想一下，其实这种观点是站不住脚的。

一、影响房地产价格的因素

进一步研究，发现房价和人口结构有关系。从人口结构的角度来看，20 世纪 60—70 年代是中国的"婴儿潮"时代，60 后、70 后这一批"婴儿潮"有 3 亿多人口，这批人到 1998 年前后正好 30 多岁，他们进入必须成家立业买房的阶段，因此，中国进入住房需求的高峰。

住房制度改革在 1998 年开始取得突破性进展应该与住房需求的压力有关。政府对于住房问题的关注从 1981 年开始，邓小平同志做出了明确的批示，从 1981 年提出住房制度改革一直到 1998 年，雷声大，雨点小，很难推动，因为这件事情是"牵一发而动全身"的，社会风险很难评估。为什么1998 年不得不做这件事情？除了亚洲金融危机的压力之外，另外一个内生的压力就是大量 60 后在那个时候需要买房子，以前的实物分配制度已经难以维系，必须放开房地产市场。

如果从人口结构的角度来看，2015 年将是中国住房需求的拐点。这一点可以类比日本的人口结构和房价之间的关系，日本的劳动人口占总人口的比重在 1990 年达到了峰值，后来往下走，中国的峰值是 2015 年。从人口结构的角度来看，未来房地产问题一定是比较严重的。

研究房地产价格的另外一个视角是货币政策。货币政策扩张则房价必涨，反之，货币政策收缩则房价走弱。2001 年以后，人民币出现升值压力，大量国际资本流入中国，加上出现较大规模的外贸顺差，使得外汇占款快速增加，中国出现流动性过剩，2005 年前后的房地产价格上涨与此关系密切。

二、从市场分化中发现影响房地产价格的因素：股价

如果看看 2015 年的房地产价格走势，似乎和人口结构及货币政策等因素关系不大。因为 2015 年的情况是两极分化，而且分化很严重。首先是一线城市和三四线城市有明显的分化，这是以前房地产市场所不曾有过的。从 2000 年一直到 2010 年，每次房价周期波动中，一线城市、三四线城市都是齐涨共跌，不同城市的房价变动幅度不同，但波动的方向是一样的。但

是这次明显出现了分化，一线城市是涨的，平均涨了 20％左右，其中深圳涨了 45％，但是三四线城市大部分是下跌的，最多的跌了 5％多，这种分化以前不曾有过。

另外一个特点是，一线城市本身也在分化。深圳从来没有当过老大，以前在房价上涨的过程当中，龙头要么是北京，要么是上海，从来没有广州或者深圳。但是这次深圳的房价涨幅遥遥领先，深圳涨了 45％，北京新房上涨了 9％，二手房涨了 10％，上海涨了 12％，广州涨了 8％左右。可以看到，一个是 45％，另外三个城市是 10％左右，差距非常大。深圳房价上涨这种突出的表现，很显然和人口结构的关系不是太大。

怎样解释深圳和一线城市这种分化的现象？有很多人认为是由于"3·30"政策的刺激。2015 年 3 月 30 日国务院出台了一系列房地产刺激政策，问题是以前也有类似的政策，一旦刺激，要么同涨，要么都不涨，为什么这一次一线城市涨起来了，而其他三四线城市并没有被刺激起来？这是第一个疑问。

还有人认为深圳房价涨幅过快的原因是因为深圳的土地稀缺，有一千多万常住人口，但是深圳每年新增加的住房供应大概是在 500 万平方米，像北京、上海都是超过 2 000 万平方米。很显然，深圳人口非常多，但住房供应是短缺的。问题是深圳住房的供应一直是这样，2015 年它的人口也没有发生特别的变化，为什么 2015 年会表现非常突出？很显然，这种人口和土地矛盾的问题也不是深圳 2015 年房价突飞猛进的原因。还有人认为是因为2015 年搞"大众创业、万众创新"，深圳在科技创新方面、新兴产业发展方面领先。问题是深圳一直领先，2015 年也没有发生特别大的变化，深圳的GDP 和全国一样，2015 年还不如前几年。如果从经济结构的角度来看，很显然，这对深圳的房价以及一线城市房价和三四线城市房价的背离也是解释不通的。

从笔者的观察来看，深圳的房价从 2014 年 12 月份开始上涨，涨得最快的时间是 2015 年 5 月份和 6 月份，7 月份之后，深圳的房价环比上涨速度基本上降下来了。深圳的房价上涨状况与 2015 年的股票市场基本雷同。深圳和一线城市 2015 年房地产市场分化的走势主要是因为股票市场引起的。

深圳股票市场的特别之处在于它有中小板和创业板市场，中小板现在有接近 800 家上市公司，创业板有接近 500 家，这两个市场加起来是 1 200 多家上市公司。上市公司有一个特点：在哪个交易所挂牌上市，就会在这个城市开户，设立办事处，并且一定会投资股票，所有自然人股东、法人股东账户的管理都放在这个城市。深圳集中了大量中小板和创业板发起人、创始人的账户。

在股价上升的过程当中，这些人的财富迅速增加，中小板和创业板从 2014 年年底开始，尽管经过 2015 年的股灾，截止到目前，创业板指数平均价格依然上升了 90%，中小板上升了 50% 多。这些新增加的财富都集中在什么地方？主要集中在深圳，跟北京有关系，但关系并不是非常密切，北京中关村也有很多公司在中小板和创业板上市，但其数量和规模无法与深圳相比。

上海因为是主板市场，没有创新类企业股价的上升，因此对上海的影响相对来说要小一些。如果这个逻辑成立的话，上海的战略新兴产业板马上要开，同样会吸引民营控股的科技新兴企业到上海去上市。如果还有牛市，而且牛市还会持续的话，账面的财富对上海形成的影响在未来和深圳就可以等价，未来有打算在上海买房子的朋友，一定要留心这件事情。

三、去库存调控的逻辑矛盾

现在国务院提出来房地产要去库存，去库存的思路可行性不是太大。给农民补贴，让他们去城镇买房，可行性有多大？每年国家统计局有一个农民工监测报告。根据 2014 年的农民工监测报告，2.69 亿农民工当中，能够在城镇买房的农民工只占 0.7%。这很好理解，农民工每个月的工资是 2 600 元钱，一年的收入不到 3 万元，剔除差旅费以及吃喝的费用，已所剩无几，更别说养家了。想想城市的高级白领都没有支付能力，希望这些劳苦大众帮房地产业去库存，这是不现实的。

有可能会出现的现象是，大城市周边的三四线城市房地产市场，在这一轮去库存过程当中会首先受益。受益的原因是什么？一个是税费的减免，还有补贴的政策，更重要的是公积金的异地使用，比如说北京的白领阶层，他们有公积金，但是没有在北京买房的支付能力，现在北京的公积金可以到河北所有城市去买房，这样的话，让这一部分年轻人拿着北京的公积金去河北买房，这个支付能力是可以匹配的。现在这个政策实施了一个多月时间，不到两个月，已有九千多个北京的白领阶层拿着北京的公积金到北京周边，到河北去买房。对于在北京工作的 80 后、90 后，这是具有可操作性的政策。

现在 70％的房地产库存是在三四线城市，不在大城市周边的三四线城市，那些房子以后是个大麻烦，很难消化，除非政府做另外一个安排，把新增的 700 万套保障性住房以货币化的方式去采购，不去新建。笔者在2015 年年初的时候作为内参提供了这个建议，不要再建那 700 万套房子了，把建保障性住房的资金拿去买已经建好的这些房子。政府在采购的过程当中跟房地产商谈判，让房地产商降低一点价格，然后把这些房子再分配给需要保障的低收入群体。

但问题是，中央对房地产之所以提出去库存的思路，是为了稳定房地产的投资。假如这 700 万套不建了，房地产投资就变成负增长，这是难以接受的。

如果纯粹是为了去库存，这个目标很单一的话，那么很简单，我们2015 年一年要卖出去的房子是 13 亿平方米，置换成套数的话，是 1 000 多万套。只要政府的保障性住房停建，用两年或三年的时间去库存，相对来说是比较容易实现的，但是投资怎么办呢？这是一个难题。

第 17 章
房地产投资城市选择策略的影响因素

夏 林

（昆仑信托有限责任公司房地产业务部总经理）

本章基于房地产行业实务操作的业务调研，研究房地产行业对宏观经济的特殊影响。从投资者的角度，审视当前的房地产市场和投资策略等。本章综述了 2015 年房地产市场的概况（截至前三季度），引出城市选择策略，提出房地产投资策略中的重点考虑因素，尤其指出高铁网络布局对城市选择策略的潜在中长期影响。

一、房地产市场概况

从全国房地产现状来看，我们觉得喜忧参半。从乐观的角度来讲，全国累计商品房销售面积结束了负增长的局面，2015 年前三季度累计销售 8.29 亿平方米，增长 7.52%。从销售来讲，从 6 月份起转向正增量，属于价量提升，累计成交 5.67 万亿元，同比增长 15.3%，增速在进一步的回升过程中。

从城市住房价格指数来讲也有一个明显的回升，平均成交价格已经回到 2014 年的同期水平。但仔细观察，一二三线城市间有明显的分化。一线城市持续走高，二三线城市相对持平。一线城市即传统上的北上广深，二线城市包括计划单列市，以及一些省会城市，但这只是一个大致的区分。

实际上在一线城市中，最新的销售表现显示北京、上海、深圳的表现更好，广州在一线城市中排序相对地下滑，二线城市里变动最大的是东北地区的几个城市，包括计划单列市的大连。

从房地产开发的资金来源来看，一方面，2015 年市场的销售环境明显回暖，另一方面，房地产企业纷纷发行企业债，因为现在债券市场资金面非常宽松，许多房地产企业以稍高于主权债务的溢价获得了 5 年期甚至 10 年期的巨额融资，导致它们资金状况明显宽松。1—9 月份累计开发资金来源大概是 9.07 万亿元，与 2014 年同期持平，这对于房地产行业来讲是一个好消息。

仔细看开发资金来源的几个构成。首先看国内贷款，统计口径主要指房地产开发贷款，包括商业银行和非银行金融机构，累计 1.57 万亿元，占比 17.32％。从图 17—1 来看，实际上是明显地走低，也是反映最近管理层加强对房地产融资的调控，以及各个金融机构对房地产行业经营状况的担忧，陆续收紧房地产融资渠道的一个影响。反而其他资金来源比重在增加，1—9 月份累计 3.84 万亿元，占比 42.4％，其中最重要的两块，一个是叫定金和预收款，购买商品房的操作惯例是先交一个诚意金、定金，甚至以各种名义，包括建筑施工企业可能会实行垫资，大概 2.25 万亿元，同比增长 4.6％。另一个是个人按揭贷款，为 1.16 万亿元，同比增长 18.1％，按揭贷款是开发商资金来源最重要的比例，而且这部分资金弥补了开发贷款的下降。

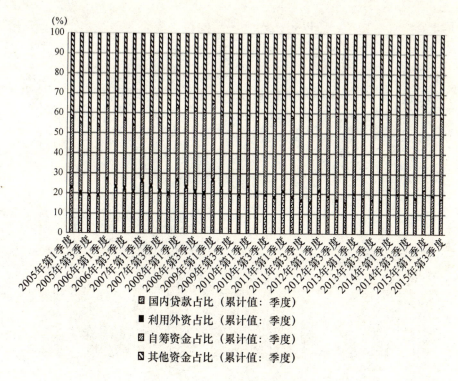

图 17—1　房地产开发资金来源

资料来源：Wind 资讯。

　　从图 17—1 来看，有一个很有意思的现象，尽管销售面积在增加，销售价格也企稳回升，但是开发商整体来讲自有资金的比例基本保持稳定，这反映出销售所得的资金基本用于偿还银行贷款。当然，这里面也有差异，比如信托或者其他的非银行金融机构通过股权形式给开发商的股权融资，实际上也被统计在自有资金里。但整体来讲，最近几年的比例大致是稳定的，大概为 40%。

　　从悲观的角度来看，房地产开发投资完成额在持续下滑，截止到 9 月底，完成房地产开发投资 7.05 万亿元，9 月份同比增长 2.47%。众所周知，房地产开发投资在固定资产投资中的比重影响极大，固定资产投资又是所谓拉动经济增长"三驾马车"中最重要的一环。在经济向好的时候，通常固定资产投资增速会高于 GDP 的增速，其中房地产开发投资增速又领先于

固定资产投资增速，所以每次宏观调控的核心就是要调控房地产。从图
17—2来看，实际上房地产投资增幅继续在下滑。

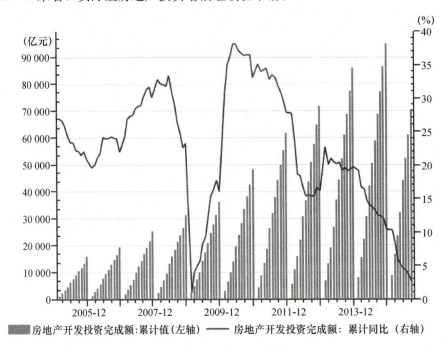

图 17—2　房地产开发投资完成额

资料来源：Wind 资讯。

　　从房地产新开工和竣工面积来看，增速指标还处于低位，体现房地产
企业普遍保持谨慎状态，核心就是去库存。从 9 月份的统计数据来讲，累计
房屋施工面积将近 70 亿平方米，同比增长 3%，略有增长，但是累计新开
工的数据和累计竣工的数据都在下降，继续持续下降的趋势。实际上根据
我们的调研，包括同业的调研，基本上开发商都普遍地放慢了开发速度，
因为对于已经拿地的项目，不能再像以前那样轻易囤地很多年，一朝赚暴
利。现在国土资源部对各地方政府开始进行问责，要求土地拿到之后不能
长期撂荒，所以现在必须要开发，但是速度会放缓。

　　最重要的一个领先指标就是土地的购置。目前平均来看，一个房地产

项目的最大一部分成本实际上是土地购置成本，像北京这类一线城市土地购置成本可能占到楼面均价的一半甚至更高的比重，二三线城市一般也要占到 1/3 以上。从现在来看，1—9 月份拿地的规模降幅在进一步扩大，累计购置土地 1.6 亿平方米，同比下降了 33.8%。根据财政部公布的数据，土地出让收入上半年也继续大幅下滑了 38.3%。与上一个经济周期类似，在 2009 年也出现过类似的情况，但是后来房地产价格有一轮暴涨，因为本身还是有一个开发建设的周期，从拿地到建成有 2～3 年的周期。现在也有人乐观地认为，这一轮拿地大家比较谨慎，可能两三年以后又会迎来房地产的上涨。这里我们还是持比较谨慎的态度，因为这有一定的预测领先意义，但历史并不是简单地重复，依据就在房地产待售面积上。房地产待售面积持续处于高位，截至 9 月份全国房地产待售面积是 6.65 亿平方米，同比增长 16.4%，表明去库存的压力还非常大。

如上所述，2015 年商品房销售面积是 8 亿多平方米，按照目前的销售和进度似乎不错，具体分析，其实出现了地域和类别不匹配。销售好的是一线城市，主要的库存实际上分布在二三线城市，所以大家会看到冰火两重天，一线城市"地王"频出，而二三线城市现在实际上是稳中有降的一个趋势。

因此，虽然各个部委没有大张旗鼓地讲，但也开始出台各种支持政策了。我们把 2009 年的政策和 2015 年的政策做了比较，包括货币政策、信贷政策和财税政策。货币政策，包括降低存贷款利率和降低存款准备金率，2015 年又有一次双降。信贷政策，2009 年首套房的首付比例是 20%，现在是 25%，我们认为相关决策层一方面担心房地产市场持续下滑导致需求不足，另一方面又担心政策刺激可能重现 2009 年的大幅反弹，一发不可收拾。反映在财税政策上还是有诸多的限制，包括对一线城市购房的户口限制，也没有放松。但是，实际上，户籍限制方面的政策会陆续地放开。

总结 2015 年前三季度市场情况，从数据来看，整体销售行情是回暖的，尤其是政策开始起到积极的促进作用，一线城市表现更加出色；但在这种背景下，房地产企业的拿地态度还是非常谨慎。随着融资环境的改善，一线城市的库存下降，尤其是手头具有优质库存的房地产商，投资意愿开始有所企稳。大的地产商也开始调整布局，考虑到在二三线城市进行布局调整。研究表明，如果在二三线城市做一个大盘，可能需要5～8年才能完全去库存，倒不如在一线城市搞一个中盘，三年快速售罄。

从整个行业来看，加大去库存的力度是总的趋势。因此，开发商的投资都会日趋谨慎，房地产开发增速、新开工面积继续下降，库存总量实际上还在攀升，整个行业未来仍将面临去库存的压力。目前一个很有意思的现象是结构分化，一线城市有销量，但是没有土地供应，像北京、上海实际上是在有意识地控制新增土地、限制人口总量。导致的一个直接结果就是，房价上涨、"地王"频现，包括金融机构的融资现在也都是集中在一线城市的优质项目，就是一线开发商在一线城市的项目，尤其是住宅项目。二三线城市一些中小型的开发商，现在很难拿到资金。三四线城市则是有土地、没有销量，库存现在实际上主要集中在这里，价格持续低迷。预期未来随着品牌房企策略的调整，一线城市的销售份额占比会持续提高，市场集中度相应地也会提升，完成房地产行业的逐步集中度整合过程。

二、房地产投资业务城市选择策略

本节介绍城市选择策略，就是我们在实务操作中重点看好哪些城市，怎样选择这些城市的项目准入。在投资策略方面，我们具有相当的主观性或者动态性，在制定策略的过程中，需要结合一些短期、中期和长期指标来看。

从短期来看，我们更看重的是商品住宅的去化周期，具体指标就用住宅可售面积除以前六个月的月均销售面积。去化周期越短，表明当地市场消化能力越强。根据我们监控的27个城市，到2015年8月份，北上广深等所谓一线城市的这一指标都居于前列，合肥、南京、苏州的去化周期也是非常短的。合肥是一个典型，属于二线城市，但表现很好。与之对应的另一个极端是天津，虽然天津是直辖市，但受前段时间天津港爆炸事件的影响，很多房地产企业和金融机构，现在对天津市场都会重新进行评估。从实务操作角度来讲，我们应该结合这些辅助因素进行判断分析。

从中期来分析，我们感兴趣的指标是存量的住宅地块去化时间。这实际上是用已经出让的住宅用地规划建筑面积减去同期的住宅销售面积，然后除以前几年年均住宅销售面积。按照国土资源部的政策，土地出让之后，开发商缴完土地出让金，应该在两年之内进行开发建设，如果无故撂荒，无故不进行开发建设，当地政府有权收回。事实上以前收回的案例寥寥无几，因为这里涉及当地政府和开发商之间的问题，一些土地撂荒很长时间也没有收回，有的项目说是地方政府的规划调整方面的原因。整体来讲，这届政府实际上执行得比以前要严得多，所以地方政府的操控空间也在缩小。我们觉得以这个指标来反映未来中期的土地出让金量和住宅量还是比较靠谱的。在 27 个统计城市里，北上广深从 1～5 年来看还是不错，海口和厦门的去化时间是最短的，天津、成都、哈尔滨、重庆和大连的去化时间是较长的。值得注意的是，大连排在最后。个别城市的这个指标出现了负值，由于选择的时间跨度比较长，从 2008 年至 2015 年，有些土地出让获得的时间是在 2008 年之前，这些行为导致可供销售住宅用地超过同期的出让用地规划面积，所以个别指标是失真的，出现了负值。对我们来讲，这个相对意义比绝对价值的数字可能更有效。

从长期来看，基于 5 年以上期间的分析，应更加关注人口增长的指标。决定一个城市房地产市场长期供求的核心是人口，尤其是常住人口。户籍人口只是一部分，像深圳 70％以上属于流动人口，但是他们也是在当地长期居住。

从常住人口的增长来看，广州、厦门、银川、北京这几个城市常住人口增长比较快，北上广深都是吸引人员流入的重点城市。福州、晋江、济宁、莆田等城市常住人口增长比较低。我们看这个指标是不是跟前面的指标有矛盾的地方？在实务操作中发现，另外一个指标可能更有指导意义，就是小学生人数的增长。因为常住人口增长数据是地方政府发布的，就像我们的就业率指标会有失真。实际上对就业率的分析还有一个替代观察指标，就是新毕业的大学生就业率。我国一般每 10 年做一次人口普查，定期还要按照抽样来估算人口。小学生在校人数是可以准确获得的数据，我们现在发现用小学生人数的增长来观测模拟，可能对房地产长期的市场走势更有指标意义。我们统计了 2008—2014 年 48 个重点城市小学生人口的情况，分高速增长、中速增长、慢速增长和负增速。高速增长的城市包括北上深等一线城市，也包括厦门，还有廊坊、东莞、郑州、长沙、南京等城市。如前所述，三亚按照常住人口比例来讲很高，实际上是受很多候鸟人群的影响。如果按照小学生人数增长率统计，就可以很有效地把这个因素排除。中速增长和慢速增长基本把所有的二线城市都涵盖在内了。值得注意的是，广州处于慢速增长区域，反映出未来发展后劲不足。值得警惕的是一些负增长地区，以前更看重行政区划，把一些负增长的城市列入二线城市，采用同样的房地产融资授信标准，这就容易产生所谓的陷阱项目。属于负增长之列的有东北的大连、哈尔滨和长春，当然还有华北的太原、西北的西宁和兰州，以及西南的昆明和贵阳等等。尤其严重的是大连，2008—2014 年小学生负增长下降比率达到 16％。

三、城市选择策略影响因素

那么，影响人口流入流出背后的因素是什么？在更详尽的一些指标体系之外，笔者在这里仅提出一些思路和想法，如果今后有学者在这方面得出一些更细化的成果，也许能够给我们更多的建议。本章的考虑如下，首先是城市的产业结构选择，其次是现有的城市基础设施状况，然后才是中国城市的行政级别。仅考虑行政级别肯定会产生比较大的偏差，但这确实是一个无法避开的重要因素。

从产业结构来看，产业升级能够提供更多的就业机会，吸纳人口流入，增加房地产市场的需求，有效提高购买水平，提升房价上升空间。从产业结构方面将城市归类，一类是资源性的重工业驱动城市，像典型的工矿业城市大庆、唐山、鞍山、大同等，即东北、西北、西南的这些城市，而这类城市均表现出相对较高的负面影响因素。相反，在正面的名单里，一类是新兴工业驱动型的城市，像苏州、无锡、东莞；还有所谓的一线明星城市，北京、上海、深圳均是由现代服务业来驱动的城市。

选取三个代表性的城市，唐山、苏州、深圳。根据这三个城市的主导产业及目前总体的数据，分析对人口的影响。2000 年的时候，唐山总人口700 万人，2014 年 774 万人，户籍人口占常住人口的比例是 97％，这反映出流动人口极少。苏州从 679 万人增长到 1 059 万人，外来人口占比将近38％。深圳尤其特别，虽然从人口增长率来讲，深圳跟苏州差不多，但是实际上，深圳常住人口中 70％左右都是外来人口，而且从年龄结构来看，深圳 20～39 岁这个年龄段的人口超过唐山和苏州，苏州主要是分布在 20～49 岁这个年龄段。对于购房人群的年龄，刚需是在 20～39 岁，所以，深圳有一个非常明显的现象，中小户型的刚需盘特别多；另外，还有一块楼盘是千万级以上豪宅。改善型需求在苏州是比较均衡的，苏州既有刚需盘，也有改善型楼盘。对应着苏州人口年龄结构比较丰富，中年人群所占比例也比较均衡。还有一个比较有意思的案例，淮安传统上应该是三线城市，由于产业转移，实际上在苏北成为一颗冉冉升起的明星，因而我们也开始在这个城市区域选择一些项目。

基础设施完备程度，包括能源、排水、供水、交通运输系统、通信、环卫、安全防灾，也是吸引人口流入的一个重要因素。至于城市行政级别，我们将其排到最后。

四、高速铁路对城市选择策略的影响

最后，概述一下高速铁路对未来在考虑城市选择策略方面的影响。继日本新干线和法国的 TGV 之后，高铁在中国现在是以前所未有的速度进行铺设，高铁影响沿线的区域经济发展，中心城市形成增长极，城市的一体化影响区域内房地产市场的发展。对于未来的城市选择，研究发现，随着高铁四纵四横的成型，中国的东部、中部、西部将会成为一个网格化的形势，而这将实际取代原来所谓的三个增长三角：京津冀、长三角、珠三角。

高铁沿线的城市对人口和产业的吸引会越来越趋于集中。相对来讲，远离高铁的那些城市人口会逐渐地流失，例如整个东北地区，这就是所谓的吸管效应。以往的研究指出，东北唯一值得投资的城市是大连，从这个角度来论证，实际上现在大连已经逐渐地掉队了。

随着高铁进一步地密集成型，在每个城市之间形成一小时左右的同城生活圈，实际上在高铁的沿线城市之间也会存在激烈的竞争，这是我们下一步投资策略的关注点。有可能在临近的一些城市，比如说北京和天津之间、北京和石家庄之间，如政府所设想的那样，产业和人口会自动地按照行政的要求从北京迁到石家庄和天津。如果没有适当的配套措施和环境改善，人口反而有可能会继续往北京注入，最终形成一个超级城市群。

综上分析，未来房地产投资策略中应当重点关注以下城市的房地产项目：北京、上海、深圳、广州、合肥、郑州、厦门、杭州、苏州、天津、重庆、长沙、武汉、宁波、南京、成都、南昌，对西北、东北地区则应比较慎重。

第 18 章

去库存视角下的房地产市场调控
——房地产周期与金融风险

刘卫民

（国务院发展研究中心市场经济研究所综合研究室主任、研究员）

一、当前房地产运行问题的根本原因

从 1998 年住房制度全面市场化改革以来，大家经常会听到"房子盖多了"、"供给过剩了"、"卖不动了"，但每一次所谓的阶段性库存都会在下一轮经济周期中被消化掉，为什么？这里有一个很重要的关系，就是住房的基本供求关系。在 1998 年的时候住房条件相对比较差，经过这十多年的快速住房市场化和大量住房建设阶段以后，实际上我们的人均住房面积或者说家庭的户均住房套数在不断地提升。而且随着住房面积和住房质量的快速提升，户均住房套数势必会达到一个临界值。这个临界值是在什么时间达到的呢？在 2010 年第六次人口普查数据的基础上做进一步推算，大概是在 2012 年，城镇常住人口的家庭户均住房拥有量达到 1 套以上。纵观先行市场化、先行工业化国家的发展历程，在户均住房套数达到 1 套以后，住房投资增速都会出现大幅下降的现象。更需要关注的是，所有这些国家出现真正的房地产泡沫都是在户均住房拥有量达到 1 套以上时，也就是说，在资产价格脱离供求基本面以后的大幅上涨才是真正的严格意义上的资产泡沫。在户均住房拥有量为 1 套以下的时候，房价的上涨其实只是供求关系的反映，或者叫市场配置资源方式的应激性反应。

这就不难解释为什么中国房地产或者说中国经济在这样一个节点上开始从需求管理为主向供给侧改革转变。在现在的经济框架下，我们可以挖掘的住房需求已经非常有限。因此，从短期来看必须做的就是去库存，主要是针对开发商手里积压的住房。从更长的周期看，对于房地产行业也是一个去产能的问题，进而调整企业部门和居民部门的资产负债表结构。我们可以看到，一些房地产龙头企业都在不同程度地谈转型，这就给我们一个非常明确的市场信号：在供给侧，或者说从长期的生产函数的角度看，社会资本在完成这一轮去库存之后，并不会把这个资本重新投放到简单的房地产再生产或者说扩大房地产再生产上，而是会转到其他领域，当然也可能包括房地产产业链在侧向或者前后向的拓展方面，比如养老地产、旅游地产等领域，而不是简单集中在传统的房地产投资方向上。

与此同时，我们也试图通过一些国际案例来印证一些被认为可能重复的经济规律。其中，大家经常用的是麦迪逊的千年数据库。基于 1990 年的国际元，麦迪逊推算了 2 000 多年人类有资料史以来的各国人均 GDP，通过横向比较发现，无论是东亚文化影响下的日韩住房市场，还是盎格鲁-撒克逊文化影响下的英美住房市场，抑或是具有法团主义传统的德国住房市场，在人均 GDP 达到 1 万国际元以后，整个房地产投资和消费增速都出现了大幅下降，而且是在短期内从高平台下降到低平台。而中国现在就处于 1 万国际元的水平，因此，对于这一轮房地产增速的恢复不能抱以过高的乐观预期。

二、供给侧改革背景下房地产调控政策的价值取向

对于供给侧改革的讨论在两年前就已经开始了，2015年12月的中央经济工作会议则是对决策层供给侧改革思路的一种共识。从供给侧改革看房地产市场的调控政策，本章有以下几点理解。

第一，关于房地产市场去库存的问题。根据2015年11月的统计数据推算，2015年全年待售商品住宅面积是4.5亿平方米，全年的施工面积是51亿平方米。因为中国采取的是预售制，可做一个简单的假设：在建住房中有2/3的施工面积已经达到了预售条件。当然有的地方执行得不太严格，没有封顶就开始预售。假设有2/3的在建工程可以预售，那么按照现在的去化速度来算，去库存周期为3.2年左右。也有一些人说大概是5年，可能本章测算得相对保守一点，但是这并不影响基本判断。因为即使按照3.2年来算，比去库存周期的历史均值也拉长了35%，以往两年左右是比较正常的去库存周期。

第二，关于农业转移人口购房问题。根据2014年的农民工监测报告，全国农民工为2.7亿左右，其中家庭结构差异较大，有的是举家出来务工，有的是单个劳动力出来务工，保守估计，这些农民工可能涉及1.3亿个家庭。当然这些农民工不可能都是潜在的住房消费者，按照1/5的农民工考虑可以进城买房来计算，就可以消化现有库存的70%。要提高农业转移人口的购房能力，现在的政策恐怕还不够，还要有相应的配套政策出台。

首先，对于购房的农业转移人口，我们要坚持的一个原则就是"穿新衣服不脱旧衣服"。我们鼓励农民到城镇购房，但坚决不能以剥夺他们在农村的相应权益作为前提条件，这些权益包括土地承包经营权、宅基地使用权、集体土地权益、林地产权等。同时，在就业、医疗、教育、社保等等方面给予良好的预期。只有出台一系列供给侧的综合配套改革政策，才能真正稳定农业转移人口的购房预期。

同时，必须进一步完善政策性住房金融体系。目前，中国的住房金融

体系中的政策性功能是由商业银行来完成的，而商业银行则是接受中央银行、银监会的窗口指导比如调整首付比例和利率水平。但我们必须清楚地认识到，让一个商业机构来承担大部分政策性住房职能，有时候是力所不及的。从理论上讲，在这种制度安排下，住房贷款供给一定是相对短缺的，住房融资成本一定是相对较高的。再看一看国际经验，无论是以银行为主的间接融资体系国家，还是以金融市场为主的直接融资体系国家，都有相应的政策性金融的制度安排，比如美国的"两房"制度、德国的住房储蓄银行，特定渠道的贴息、低息政策更是比较常见，但中国没有这些政策考虑。虽然我们也有住房公积金制度，但在覆盖面和功能发挥上还需要进一步地改革和完善，才能发挥出更多的作用。

此外，还可以出台一些鼓励农业转移人口购房的税收政策，比如降低交易环节的税费。农民工进城以后买的不一定是一手房，可能是二手房，根据住房过滤理论，只有把交易成本降下来，把一手房与二手房、原住城市居民与城市新移民购房之间的链条打通，才能够促进产业的良性发展，促进现在住房库存量的下降。

第三，对于"取消过时的限制性措施"的理解。这个说法一出来，媒体就揣测是不是要取消北京、上海、广州、深圳的限购政策。在二三四线城市，现在基本上都取消了限购政策，而就房价仍在高位运行的一线城市来说，其限购政策调整的可能性仍然不大。所以对于这个政策的提法会产生两层理解。第一层意思，取消过时的限制性措施是指取消上一轮调控周期里偏紧的政策，包括信贷、税收等。第二层意思，就是要从整个住房制度改革的角度来思考，放松一些不当的限制性政策。例如，农业转移人口在购房过程中如何与现有的户籍政策接轨，农业转移人口如何与社会公共服务相衔接等。因此，我们也可以看到，中央经济工作会议已经提出将农民工纳入城镇住房保障制度。

第四，对于"租售并举"的理解。我国现有租房市场有一个很严重的问题，就是租赁市场不规范，这种不规范表现为权益保障问题，一方面对租户的权益保障不到位，另一方面对房东的权益保障也不到位。随意涨租金、卫生安全隐患、不当使用房屋等问题比较突出。因此，对于现在的中国租房市场来讲，最重要的问题就是规范性，而让机构投资者介入是有利于提升整个租赁市场的规范性的。通过让机构投资者集中购买存量住房，可以降低住房持有资本。这里有一个亟须解决的关键问题，我们希望机构投资者参与租房市场，但是它们有没有这种动机？在现在的租售比倒挂和相关政策不明朗的条件下，可能它们的动机是不大的。如何提高这个参与动机？相关配套政策是需要重点考虑的，比如减税。另一个问题是政府能否考虑相应的政府采购制度，通过政府采购服务，购买房屋用于对社会保障对象的出租。更重要的是探索机构投资租赁住房的房地产信托投资基金（REITs）模式，这样才能形成良好的退出机制，才能让社会机构投资者分散风险，让其他投资者通过二级市场进入租房市场。

三、对于 2016 年房地产市场风险的三点思考

本章认为 2016 年第一季度或上半年房地产领域有三个风险点值得关注。

第一个风险点是关于第一季度房地产开发商资金链的问题。2015 年年底银行贷款回收以后，第一季度能不能按时按点放款，满足房地产贷款规模和贷款成本的要求，这里是一个问号。这也是市场上大多数开发企业和投资者最关心的问题之一。从我国住房的银行信贷渠道看，有两个资金供给方，一个是国有商业银行，另一个是城市商业银行。对于国有商业银行来说，出于对宏观经济和房地产发展趋势的审慎判断，可能更加重视不同区域的市场风险，在配置贷款规模、贷款利率和贷款久期时，都会有偏紧的倾向。在城市商业银行这个渠道上，由于有地方政府的影响，贷款发放情况可能要好一些。我们看到在 2015 年第四季度以后，一些开发企业为了解决年底短期流动性问题，已经开始通过非银行机构贷款，这些贷款基本上都是过桥性质的，都是短期的，贷款额度不一定够用，而贷款利息一定

比原来高得多。如果这种情况在 2016 年第一季度继续下去，可能对许多房地产开发商的资金链是一个考验。

第二个风险点是去库存不力对金融体系的冲击。对于中国来讲，住房对金融体系的冲击来自两个方面。一是来自住房需求侧，在中国的借贷习惯和银行审慎原则下，大部分住房首付款比例较高，因此，需求侧对金融体系的冲击不会特别大。在 2008 年金融危机的时候，也有很多机构做过压力测试，结果是房价降到 30％～40％都不会产生系统性问题。重点是要考虑供给侧，也就是房地产开发贷款对金融体系的冲击。如果在 2016 年第一季度或者上半年没有很好地落实中央关于去库存的配套政策，区域性的金融风险可能出现。

第三个风险点是关于地方政府债务平台的问题。这一点可能更复杂，随着土地财政难以为继，土地抵押估值下降，会对房地产行业带来一些冲击。

四、对后续市场走势的基本判断

一线城市的住房价格将是企稳有升。通过调研发现，一线城市的住房供求关系仍然偏紧，城市功能疏解还没有完成，住房供给缺口仍然存在，而三四线城市的住房价格还是有一定的下降空间的。即使在风险可承受的范围内，地方政府和开发商都有动机来促成"以价换量"这件事，也还是有一种担心，即降价并不能解决一切问题。现在的钢材、水泥、焦炭这些大宗产品的价格已经降了 30％～40％，但仍然是库存高企，房地产会不会面临这种情况？政府需要在相关调控政策方面做得更精细，实现分类调控、分层施策。

未来哪些人会去买房子，哪些地方去库存比较快？判断这个问题可能还要遵循"产城融合"的逻辑。那些有相应的产业支撑的地方，工业园、产业园发展比较好的地方，即使是三四线城市，也更容易取得比较好的去库存效果。所以，去库存的潜力还是有的，关键是看相应的配套政策和改革是否得力。

第六篇

对中国股市的展望

第 19 章
经济调整的长周期性与中国资本市场的长期走向
——从全球宏观视角看中国股市难题

郭士英

（一德期货有限公司首席经济师）

本章从宏观角度来探讨资本市场长期走向的问题，从宏观的角度来分析我们遇到了什么样的问题，再从这个问题出发判断未来的走势。

一、当前经济调整的长周期性

我们认为目前经济的调整是一个长周期的调整过程。无论对世界来讲还是对中国来讲，尤其是对中国来讲，经过前面 30 多年的总调整，再调整 10 年不为过。从 2008 年算起到现在有近 10 年的时间，乐观或者中性地讲，笔者一直坚持这一轮调整的真正底部会在 2018 年左右达到。在过去的近 10 年间我们看到尽管政府采取了各种各样的措施，包括货币政策、财政政策、财政投入对基础设施的拉动，但都没有改变中国经济顽固下降的情况。这是由更大的周期性因素决定的。

10年一次危机，1998年是亚洲危机，2008年是次贷危机，2018年有可能是中国式的危机。现在的情况大家都看到了，形势正在恶化，能不能很好地控制住是一个问题：控制得好，我们就持续崛起；控制得不好，2018年的经济形势就会很困难。这是一次验证的机会，10年为一个周期。

从房价的角度去观察，2013年房价基本上创造了历史高峰，此后开始下降。在此过程中三四线城市的房价下降得比较快，而一二线城市的房价下降不足，甚至有些城市房价开始上涨。例如，深圳的房价就在上涨，而且涨幅还挺大。笔者认为此次下降的周期总体上还是存在的，比如，北京的房价尽管有所反弹，但还是没有超过2013年的高峰价格。所以，下降周期还是存在的，这个下降周期应该至少有五年，而且上涨十几年后，存在五年的下降是合理的。从2016年的情况来看，一线城市正在面临拐点。最近的情况是，在深圳方面，银行已经非常警惕深圳房价的上涨，2016年可能会看到一线城市的拐点。

再者，2018年是中国的换届年，本届政府上台之后大家都寄予厚望，至少用十年的周期去看它。我们认为，对此应该是前五年大势已定。因为前五年是以调整为主，大家都在观察，既要对前面两三年的政策进行评估、评价，也要对后面两年的形势发展、市场走势及市场风险传递过程进行评估。从2013年到2018年刚好是前五年，前五年的基本任务就是问题的揭示、矛盾的暴露、政策的成形和发力的准备。因此，笔者认为在2018年之前主基调大体是不变的。

从十年周期来看，目前我们已经进入了本轮周期调整的下半场，并且这个下半场是从2015年就开始切换了。2015年之前调整的中心是产业结构调整，核心词是产能过剩。基本目标是实现去产能、去库存、去杠杆，而且这个过程表现在大宗商品的熊市里是一波接一波地去实现这几个概念。在2015年我们看到了典型的周期性产品铁矿石的价格基本上创了几十年的新低，如果以大宗商品价格去看，上半场的任务基本上完成了。在 2015 年 1 月的时候，笔者做了一个题为《2015 通缩背景下的汇率战》的报告，实际上在那时新兴国家、资源国的汇率就开始大幅波动。市场进入了产业持续调整期，经济持续下行以后集中到新的领域，金融风险开始出现，汇率波动就是一个典型。而且我们看到在 2015 年 8 月的时候，人民币汇率也开始持续地波动。

本轮周期调整的下半场从 2015 年开始，2016 年要深化，它的任务相对来讲是去泡沫、去杠杆、去投机。中国民间高利贷五花八门，有的是以"高大上"的形象出现的。从民间高利贷到各种融资骗局，从股市泡沫到现在的两次股灾，金融去风险已经进行得差不多了，接下来金融去风险的目标是汇率的泡沫，然后是房地产的大泡沫。所以，本轮的十年经济调整的总目标和总堡垒集中在中国一线城市的房价上。尽管大家勉强地认为此次调整结束了，但笔者认为这是个不完整的调整，此次调整最终应该会引起大城市的房价下跌。

通过观察全球经济可知，经济周期调整、不景气的状况还在持续。现在新兴国家的经济增速已经减半，而且从全球贸易增速不断降低以及波罗的海（BDI）指数连续创新低的情况来看，现在还看不到经济好转的迹象。我们在这个全球宏观经济形势的大背景下来讨论中国的股市。2015 年中国股市的逆势而动带来了深度的股灾，"血洗"了中国的中产阶级，对此大家是非常难忘的，逆势必败。从以上宏观形势判断，再期待股市能很快地再造泡沫是非常不现实的。

二、中国股市面临全球信用收缩

中国股市的发展同时面临着一个全球信用收缩的问题，这种苗头已经开始显现。最典型的就是美联储开始加息，酝酿很久之后美联储终于决定加息。对于加息的频率大家还在讨论，是一次、两次，还是三次、四次，这都是次要的。只要美联储加息，加息这个事情就一直存在。加息周期启动以后，加息对全球的信用收缩就是一个标志性的、主导性的事件。随后，在后面几年我们会看到欧洲和日本一定会停止量化宽松（QE）的货币政策，只是时间不同而已，而且还会相继加息。当这三个经济体的货币政策同时回归正常化，甚至加息时，笔者不相信全球经济尤其是中国经济能逃过这一劫难。即使它们的货币政策不是同时而是相继回归正常化，对中国的挑战也是巨大的，主要看中国的房价能否扛得住。

如果从中国货币政策本身来看中国资本市场的发展前景，则信用扩张也是股灾发生的一个原因。在外汇储备方面，其总额在 2014 年 6 月达到了3.99 万亿美元，接近 4 万亿美元。在此前的一个月即 2014 年 5 月，李克强总理在非洲出访时，向与会的来宾讲我们的外汇储备太多了，已经成为我们的负担，之后一个月外汇储备就创了一个新高，再之后到现在一直是往下走的。有一个说法是，我们国家的基础货币 92% 左右来自外汇占款。那么外汇储备从 2014 年 6 月开始封顶往下走，是不是代表着基础货币扩张已经处于停滞状态？而 M2 一直快速增长，不管是 12% 还是 13%，都是对基础信用的放大，是信用在快速膨胀。这中间包括过度投机、资产泡沫。所以，这是金融过热和投机过强的典型代表。这种信用扩张在经济持续下行的过程中是不可持续的，因此带来了股灾。

现在我们国家的货币乘数为 5.09，接近于 2007 年前后的货币乘数，等于 2008 年次贷危机至中国大股灾之前那一阶段的货币乘数。所以，可以判断下半场的重点应该是调整金融过热和过度投机，包括资产泡沫。种种迹象表明，在此期间再掀金融波澜是非常危险的，货币是不支持的。未来中国可能有新的基础货币的扩张机制，但是现在就两条。第一，并没有发现新的货币扩张机制；第二，在没有发现新的货币机制之前不可能莫名其妙地去扩张货币供给，货币政策目标应该是越来越集中于人民币汇率的稳定。所以在此期间莫名其妙地去扩张货币供给不可能，更不会莫名其妙地实施QE 政策，那样的话，牺牲得更多。比方说，汇率会跌得很惨，中国的硬着陆和房地产泡沫会来得非常急剧。所以，在此期间中国的央行为了人民币国际化，必须保持一定的理智，必须克制。以上是从货币信用的角度分析了股市未来两三年的大环境，而在这样的大环境下采取保守策略是正确的。

三、全球货币和汇率与中国股市和楼市的关联

稳定股市和楼市需要考虑全球货币和汇率的稳定。2015 年 6 月中国股市下滑之始，笔者就认为有关部门应该尽快考虑是否会引发系统性风险，尤其对于股灾的问题，建议各方面开始全面关注，并预先模拟处理汇灾的问题。笔者认为此次股灾本身打开了全球观望中国脆弱金融的一个窗口，为汇灾埋下了隐患。2015 年 8 月 8 日，笔者发表了一篇题为《警惕汇率与资产价格互动下行的风险》的文章，8 月 31 日央行开始调整中间价，人民币开始贬值。目前，人民币贬值的趋势已经来了，但是当前肯定还没有贬够，没有到位，国内的财富外流、资本外流还会持续。目前主要是楼价仍然偏高，汇率贬到位远远没有实现。所以，从资金的角度来看，在人民币持续贬值的过程中，不可能期待有一个好的牛市。

在第一次股灾发生之后，笔者对股市的态度就是撤出。2015 年 8 月股市下跌到了 3 650 点，还是偏高，"国家队"入市之后，股市进一步下跌。后来证监会又推出了熔断机制，2016 年开年第一天反复地熔断、跌停。实际趋势是很明显的，没有熔断机制也会跌下来，但是不会跌得这么难看。对于此次的下跌有人认为已经见底，但笔者认为 2 850 点肯定不是底。现在又要大反弹，笔者也是不看好的。

四、现有资本市场的问题

最后探讨一下资本市场或者证券行业存在的一些问题。首先，我们的治理理念、监管理念是非常落后的，导致我们这个市场信誉缺失与制度风

险并存。所以，行政之手总是忽隐忽现，这是不好的。从监管的定位来看一直是融资为主，监管者的权力经常会和大股东、强势资本融合在一起。中小股东的利益在这个市场里一直是得不到任何保障的。上市公司存在着低劣的内部交易，而投资者不成熟，盲目追逐没有价值的题材，蔑视股市文化，这是很落后的。因此，想用股市承载中国梦，路途还很遥远。

信用的问题反映在造假泛滥、执法不严上，表明官员的非专业和决策的随意性。IPO原来说不恢复，后来给恢复了；大股东减持原来锁定了，现在又延长锁定期，这些政策措施全部一直在变。现在再来谈一下股市不可回避的注册制，注册制一出来，股市就将下降1 000点，现在看注册制差不多坐实了。

总体来讲注册制仍然加速推行，经济的调整仍在持续，全球金融的波动仍在加剧，在这种情况下，2016年中国股市就应该是在熊市格局中运行。笔者悲观地认为，如果未来货币收缩之下中国一线城市的房地产泡沫被刺破，那么A股被打回原形是有可能的。

时下有很多由政府控制的资源和未明确的政策，这为我们国家资本市场的前途甚至国家的前途埋下了很多不确定性。这些不确定性应该逐渐地明朗化，明朗后的资本市场才是有前途的，大家才有信心，我们的很多规划、政策才能落到实地，人心才会统一，而人心统一了，才会有很多政策被有效地执行。也就是说，在2013—2018年这个发力准备期，后面两三年非常关键，决定了下一个五年能否发力。首先，规划和政策要定对、切合实际、讲信誉、尊重市场，然后，到下一个五年去执行这些规划和政策，这样将会一切大好。我们在因变而变地看待市场的走向。

第 20 章
股市为何暴涨暴跌

尹中立

（中国社会科学院金融研究所金融市场研究室副主任、副研究员）

在 2015 年 6 月 15 日至 7 月 9 日的 18 个交易日的时间里，中国股市连续暴跌，其中上证指数的跌幅为 32%，中小板的跌幅为 39%，创业板的跌幅更是达到 42%。为什么股市会如此暴跌？股市暴跌暴露了我们金融监管及股市监管中的哪些缺陷？有关股票市场的一些深层次的制度问题是当下需要认真反思的。

一、股市为什么会疯涨

有关股市下跌的问题，经济波动理论或可给予我们一些启示。对于经济的波动，朱格拉周期理论的缔造者克莱门特·朱格拉曾说过一句非常出名的话："萧条的唯一原因就是繁荣。"将该结论套用到股市大概也是成立的，"暴跌的唯一原因就是疯涨"，因此，我们只要弄清了股市疯涨的原因，也就基本清楚了股市暴跌的真相。

从 2014 年 6 月到 2015 年 6 月，中国股市平均涨幅近 2 倍。其中，上海证券综合指数从 2 000 点上涨到 5 178 点，涨幅为 159%；中小板指数从 4 560 点上涨到 12 084 点，涨幅为 165%；创业板指数从 1 330 点上涨到 4 037 点，涨幅为 204%。

根据历史数据，2015 年 6 月初的股价已经处在很高的位置。因为上证综合指数里金融股的权重太高，无法准确反映全部股票的价格波动，我们采用能够比较真实反映全部 A 股涨幅的万得全 A 指数，该指数 2015 年 6 月 12 日高点比 2007 年 10 月 16 日高点高出 76.30%。成长股炒作得更是离谱，2015 年 6 月 4 日代表成长股的创业板综合指数市净率（PB）高达 13.02 倍，创全球股票市场历史之最，泡沫程度远高于 1989 年日经指数泡沫（最高点时 PB 为 4.5 倍）、1990 年中国台湾加权指数泡沫（最高点时 PB 为 9 倍）、2000 年纳斯达克泡沫（最高点时 PB 为 8.5 倍）、2007 年上证指数泡沫（最高点时 PB 为 7.07 倍）。2015 年 6 月 12 日，全部 A 股的 PB 中位数高达 8.5 倍，泡沫程度堪比 2001 年的 2 245 点和 2007 年的 6 124 点。泡沫如此严重，崩盘实在不足为奇。

之所以出现如此快速的股价上涨并产生严重的股价泡沫，至少有以下几个主要原因：

（一）国家意志的大力推动

客观地说，2013 年之后政府的确有很强的动机刺激股市上涨。十八届三中全会关于资本市场是这样论述的："健全多层次资本市场体系，推进股票发行注册制改革，多渠道推动股权融资，发展并规范债券市场，提高直接融资比重"。在这几句话里，"提高直接融资比重"是资本市场改革的目标，"推进股票发行注册制改革"和"多渠道推动股权融资"是实现提高直接融资比重的手段和方法。

十八届三中全会之所以对资本市场确定了这样的发展战略，是基于一个非常特殊的国情：一方面是大量的居民储蓄，另一方面是企业的高负债率。2013 年 12 月，"中国国家资产负债表研究"课题组发布的研究成果《中国国家资产负债表 2013》显示，2012 年中国全社会的债务规模达到了 111.6 万亿元，占当年 GDP 的 215%。而且，2012 年以后这种趋势不仅没有改变，还在继续恶化。麦肯锡公司最新发布的研究报告显示，中国的债务总额 7 年间翻了两番，从 2007 年的 45 万亿元上升到了 2014 年中期的 172 万亿元，债务总额惊人地达到了 GDP 的 282%。报告也指出，中国的债务风险主要来源于居民、非金融类企业和政府的债务。

从逻辑推理看，提高股市融资可以有效解决企业的高负债风险。在债务总量不减少的情况下，补充资本金的方法无疑是降低企业负债率的最好途径。

但 2013 年底至 2014 年上半年，股市一直在 2 000 点上下徘徊，由于二级市场相当低迷，新股发行处于暂停状态，通过股市融资来降低企业的负债率只是奢望。只有让股市活跃起来，才能增加新股发行的数量。为了刺激股市的活跃度，有关部门采取了一系列措施，其中降低融资融券的客户资金门槛的措施收到了很好的效果。按照融资融券的相关规定，只有账户资产达到或超过 50 万元的客户才有资格进行融资融券业务，而符合该规定的账户数量占沪深两市股票账户的比例很低（不到 1%）。2013 年 4 月，证监会取消了融资融券业务窗口指导意见，证券公司可以按照自己的投资者适当性制度设定业务门槛。从 2014 年 6 月开始，随着股价逐渐回升，融资的数量迅速攀升，2014 年下半年融资余额从 4 000 亿元增加到 10 000 亿元，2015 年上半年该余额从 10 000 亿元增加到 22 000 亿元。仅仅通过融资融券一个渠道，股票二级市场就增加了近 2 万亿元的资金，推动了股价快速上涨。除了融资融券之外，场外配资是提高资金杠杆的另外一个渠道，估计其规模不低于融资融券的数量。

从上述分析可见，政府利用股市来降低企业负债率的路子在理论推导上似乎顺理成章，但实践证明是难以行得通的。问题的关键在于政府的干预扭曲了股票市场投资者的预期和行为。股市本身的基本规则是"风险与收益对称"，高收益一定对应高风险。在投资者认识到政府希望股市上涨的意图之后，加之主流媒体极力渲染所谓的"国家牛市"、"中国股市迎来长期慢牛"、"改革牛"等，实际上等于政府给股市背书，股市的收益与风险不再匹配，似乎可以获得高收益而不需要承担高风险。政府信用的介入扭曲了投资者的行为，每周数百万新开户数量及场外疯狂的配资行为是投资者扭曲行为的具体表现形式。

从时间上看，投资者大规模入市是从 2015 年 4 月初开始的。2015 年 4 月以前每周股票新开户数量都没有超过 100 万户，而 4 月之后迅速增加，不仅超过 100 万户/周，而且刷新了历史纪录，达到了 400 多万户。可见，市场的疯狂是在 2015 年 4 月达到高潮的。我们看看当时究竟发生了什么？当时的上证指数点位刚突破 3 500 点，这是一个非常重要的位置，因为 3 478 点是 2009 年的最高点。如果不突破此点位，则市场依然是 2007 年之后熊市的一个反弹而已，突破这个位置意味着新一轮的牛市。这是市场的一致看法，媒体当然心领神会。此时的新华社推出了八篇有关股市的评论，认为 A 股本身就是"中国梦"的载体，并明确告诉投资者，其蕴藏的投资机会是巨大的。当股市突破 4 000 点时，人民网甚至发表评论说"4 000 点才是牛市的开端"。于是乎，一时间在校大学生、家庭主妇、小区保安乃至乡野村夫都纷纷杀入股市。

（二）金融创新打通了银行资金直接进入股市的通道

我国金融实行分业经营分业监管，银行资金本来难以直接进入股票市场，但最近几年来，随着银行理财业务的发展，银行资金与资本市场的通道逐渐被打通。其运作方式是：银行通过发行理财产品，将客户资金集中起来，通过信托或证券公司的资产管理业务通道进入股票市场，其中"伞形信托"是最典型的形式，这些资金主要用于给股票市场的投资者提供配资。假如一个客户的自有资金是 1 000 万元（劣后），通过该信托资金可以获得 3 000 万元（优先）的配资，信托的资金成本大约为 10%，投资者通过该方式将自己的资金杠杆放大了 3 倍。

类似的结构化金融产品的设计似乎让银行、银行理财资金和信托机构并没有承担股票市场波动的风险，就可以获得较高的收益。根据市场的行情，信托给客户的配资价格为 15%～20%，银行给理财客户的回报为 6%～8%，银行和信托等机构分享了其中大约 10% 的收益。在股价上涨的过程中，这些配资几乎没有风险，在没有承担风险的情况下获得如此高的收益，刺激了银行及信托机构加速将资产配置到股票市场。

在此过程中，刚刚兴起的互联网金融也起到了重要作用。主要表现在：（1）大量配资公司利用 P2P 平台筹集资金，然后对接给股票市场的配资客户。因为这类公司打着互联网金融的旗帜，基本上处于没有被监管的状态。（2）恒生电子公司开发的 HOMS 系统为配资提供了方便的风险控制技术。场外配资在中国股票市场一直存在，但规模一直很小，其重要原因是该行为过程的风险控制难以进行。HOMS 系统很好地解决了该难题。伞形信托正是在该系统的基础上发展起来的。

但正因为如此，越来越多的银行资金通过该途径进入股票市场，使得股票市场的系统性风险不断增加。一旦股票市场出现趋势性扭转，则该风险将被引爆，不仅使股票市场遭到打击，还会冲击银行体系。

银行资金通过信托等方式进入股票市场的本质是回避银行的监管，但即使在实行金融混业经营的国家或地区，这种行为也是受到严格约束的，中国香港作为金融自由度很高的地区，也禁止类似我国内地的伞形信托业务。

二、股市为何暴跌

股价暴涨必有暴跌。投机泡沫达到了一个极限，接下来下跌也就成为了一种必然。笔者在 2015 年第 9 期《中国金融》杂志上发表的《增强对股票风险的认知》已经对股市将出现雪崩式下跌做出了预判。导致股市出现下跌的直接触发点是股市二级市场的去杠杆。关于这一点可追溯到 2015 年 6 月 6 日的一则题为《证监会叫停场外配资端口接入》的新闻，该新闻说"证监会向券商发布通知要求自查场外配资业务，全面叫停场外配资数据端口服务，其中也包括恒生电子的 HOMS 系统配资。证监会强调，未经批准，任何证券公司不得向客户融资、融券，也不得为客户与客户、客户与他人的两融活动提供任何便利和服务"。既然股市上涨的原因是投资者大量入市及加杠杆，那么让投资者减少资金杠杆的政策出台就意味着股价继续上升的理由已经不存在了。2015 年 6 月 15 日，股市便正式进入下跌周期。

除了有关部门收杠杆的政策外，导致这次股市下跌的诱发因素还包括超大规模的 IPO（国泰君安和中国核电股票发行）、海外中概私有化回国上市等。原因很简单，它们都是"抽水的主"，在流动性来源预期减少的前提下，抽水的主越来越多，现有的股价自然承压。

也正如行为经济学家们所认为的，在投机泡沫中，价格一旦下跌，必然是急剧的下跌，这种下跌同样也是非理性的。正如可以使价格剧烈上升一样，反馈机制也可以使价格剧烈下跌，且价格的下跌同样超乎想象。穆勒就说过："价格下跌到通常的水平以下，一如它在以前的投机时期上涨到通常的水平以上。"更重要的是，因为杠杆的缘故，其风险性在短时间内又被快速地放大了。

正如前面的分析，4 000 点以后越来越多的个人和机构通过加杠杆的方式入市，有些杠杆比例甚至超过 10 倍，3～4 倍的杠杆相当普遍。在 2015 年 6 月 15 日股价开始下跌后，第一周的跌幅就超过了 10%，使得 10 倍及 10 倍以上高杠杆的资金账户在这一周进入了强制平仓程序，然后是 8 倍资金杠杆的资金账户进入强制平仓程序，进入 6 月底，股价已经下跌了 20%，超过 1 倍资金杠杆的账户全部进入强制平仓程序。因为 2～4 倍资金杠杆的账户数量巨大（笔者估计应该有 1 万亿元以上），在数量如此巨大的股票同时进入强制平仓程序时，市场必然出现流动性枯竭。因此，我们看到了每天超过 1 000 只股票跌停的现象。很多上市公司由于各种原因将股票停牌在一定程度上加剧了市场流动性恐慌，很多基金为了应付客户赎回而卖出蓝筹股，导致所有股票大幅度下跌。

这个过程就是所谓的"去杠杆化"。对于"去杠杆化"，素有债券之王之称的比尔·格罗斯（Bill Gross）有非常清醒的认识。这位世界最著名的投资公司之一 PIMCO 的创始人和首席投资官说：一旦进入去杠杆化进程，包括风险利差、流动性利差、市场波动水平乃至期限溢价都会上升，资产价格将因此受到冲击。而且这个进程不是单向的，而是互相影响、彼此加强的。比如，当投资者意识到次贷风险并解除在次级债券上的投资杠杆时，和这些债券有套利关系的其他债券、持有这些债券的其他投资者以及他们持有的其他品种，都会受到影响。这个过程可能从有瑕疵的债券蔓延到无瑕疵的债券，并最终影响市场的流动性。2015 年 7 月 8 日和 9 日，在股票市场出现流动性危机之后，已经波及债券市场，中国香港市场和海外中国概念股均出现大幅度下跌，甚至开始明显影响到商品期货和外汇期货市场。

三、如何让股灾悲剧不再重演

对于此次的股灾，我们需要进行深刻的反思。在笔者看来，至少有两个教训值得我们总结：一是要正确处理政府与股市的关系，二是要处理好银行与股市的关系。

（一）应该正确定位政府与市场的关系

从直接因素来看，场外配资及场内融资数量增长过快是导致股灾的主要原因，但为什么会存在场外配资？场外配资的高速扩张为什么没有得到及时制止？显然，背后还有体制和机制方面的原因。

在我国的行政管理体制下，政府希望通过股市来解决企业高负债率的问题的战略目标一旦确定，股市监管者的工作就必然围绕着该目标。为了实现该目标，政府相关部门就必然会采取各种手段刺激股市，甚至放松对上市公司及二级市场的各种违规或违法行为的监管。

当监管的目标逐渐偏离"三公原则"时，市场上的其他参与主体必然会偏离自身的正确定位。上市公司开始通过讲故事的方式进行所谓的"市值管理"，把股价炒高后从市场高价圈钱；机构投资者或个人大户通过各种方式操纵股价；媒体为了自身的利益会炮制各种利好的观点或报道，对市场起到推波助澜的作用。新华社分别在 2014 年 8 月和 2015 年 4 月推出的两组系列文章（每组有八篇股市评论）就是典型案例。

从我国股市的历史看，政府试图利用股市来实现一定的经济目标一共有两次。第一次是在 1999—2001 年，当时的股市目标是"为国有企业摆脱困境服务"。当时的经济状况不好，股市处于熊市，为了活跃股市，有关部门出台了一系列政策刺激股市，史称"519 行情"。在此期间，监管者纵容证券公司大量挪用客户保证金，对基金管理公司操纵股票价格持放任态度，市场普遍盛行坐庄炒作的风潮，最后导致"基金黑幕"、"银广夏财务造假事件"、新疆德隆破产及南方证券破产清算等一系列恶性事件。

十八届三中全会文件关于资本市场改革的论述，是政府第二次对股市提出明确的战略目标，"提高直接融资比重"成为股市发展的新目标，该目标提出后仅仅不到两年的时间，股灾就不期而至。

股市是一个非常特殊的市场，不同于一般商品市场，一般商品市场的价格主要由供求关系决定，存在一个均衡价格，而股市不存在均衡价格，股价是由预期决定的。如果监管者经常性地给股市设定一个发展目标或出台政策干预股市，股价的形成机制就会被扭曲。

我们必须正确处理政府与股市的关系，政府应该把监管放在首位，监管者的职责就是制定规则并严格执行规则，维护市场的"三公原则"，不要让股市监管者承担经济发展任务或目标。假如"十三五"经济发展规划中再次提出类似"提高直接融资比重"的目标，则未来的股市还要重复发生类似的股灾。

（二）银行资金与股市之间需要建立防火墙

1929 年股市崩盘之前，美国没有证监会，股市处于没有监管的状态，大量银行进入股市导致了股市泡沫，而股市泡沫的崩溃又导致银行大量破产。1929 年由股市导致的大危机给了监管者若干教训，其中最根本的一条就是：股市的融资信用必须同其他金融信贷隔离开来，否则股市波动带来的信贷违约会危及整个金融系统。从 1933 年《格拉斯-斯蒂格尔法案》颁布之后，在银行与股市之间就建立了一道防火墙，银行的资本和借贷能力就不允许随股市的涨跌而变化。

我国这次股灾的罪魁祸首是股市的杠杆融资比例过高，而且没有透明度，监管制度上的最大漏洞就是没有建立银行与股市之间的防火墙。虽然《中华人民共和国证券法》明确规定银行资金不得违规进入股市，但对什么是违规进入股市没有明确的规定。在银行理财资金通过伞形信托或配资公司大量流入股市后，监管层并没有出面阻止。在美国，交易所不允许像伞形信托和配资这样的融资存在还有一个原因——风险披露。不透明的组合产品最终总是将最大的风险配置给最没有能力承担风险的人。中小投资者在把握杠杆交易风险方面往往没有足够的经验。美国有两种证券账户：现金账户和保证金账户。融资交易的资金在保证金账户中，经纪商进行专门的风险管理。对客户在场外的配资，经纪商是无法管理风险的。

股市中的杠杆资金还表现在大股东的质押融资上。2015 年 7 月 8 日前后，有 1 400 多只股票停牌，相当一部分股票停牌的原因是大股东将股票质押给银行进行贷款融资，当股价跌到需要补充保证金的价位时，采取股票停牌的方式应对。该行为暴露了股市与银行之间的另外一条联通管道，涉及资金规模应该比伞形信托和场外配资规模更大。

在"国家队"入市救市的同时，证监会于 2015 年 7 月 14 日出台政策清理场外配资，这是防范再次出现场外加杠杆的重要措施。但仅此还不够，必须在制度上建立银行与股市之间的防火墙，需要多个金融监管部门联合行动。

第 21 章
暴跌让 A 股错失了有利时机[①]

苏培科

（对外经济贸易大学公共政策研究所首席研究员、CCTV 财经评论员）

2016 年中国股市迎来"开门绿"，仅两周上证综合指数就暴跌了近 20％，A 股绿化率大幅蔓延，市值快速蒸发逾 10 万亿元人民币，一个刚出生不到一星期的熔断机制被迅速叫停。而上证综合指数更是一度击穿上次股灾的最低点位，投资者信心几近崩溃。

2016 年 1 月 16 日，"低调、久未露面"的中国证监会主席肖钢借 2016 年全国证券期货监管工作会议深刻总结反思了股市异常波动的经验教训，他认为这次股市异常波动充分反映了中国股市的不成熟，包括不成熟的交易者、不完备的交易制度、不完善的市场体系、不适应的监管制度等，也充分暴露了证监会监管有漏洞、监管不适应、监管不得力等问题，必须深刻汲取教训，加强监管，防范风

---

① 资料来源：英国《金融时报》中文网，2016 年 1 月 18 日。

险，促进资本市场稳定健康发展。

对于此次股市暴跌，监管部门确实应该深刻反思。A 股市场本来就是一个不成熟的市场，投机氛围严重，且其在半年前刚刚经历了一场雪崩，市场信心还未完全恢复，监管政策和监管方式应该格外注意市场的一举一动。可惜监管部门并未意识到和预料到 A 股市场的这一轮巨幅调整，事先并未对限售股"解禁令"采取分流措施，直到市场暴跌之后才倒逼证监会规范大股东和董监高的减持行为。

如果事先能有所预判和采取防范措施，A 股市场也不至于再次出现雪崩式的暴跌，也不至于让宏观层面的决策陷入被动。尤其在人民币贬值预期下，国内资本已经出现外逃的迹象，结果以人民币计价的股票资产价格暴跌又加强了一些人腾挪资金外逃的决心，导致人民币汇率和股市价格出现双杀，这让整个市场陷入了恐慌。

其实，这场股灾很有可能是可以避免的。近两个月以来笔者一直在公开媒体上提醒监管部门重视"解禁令"，可惜它们视而不见。如果监管部门能够及早地判断"解禁令"等市场不确定性风险带来的潜在影响，就应该及早对大股东、董监高减持和限售股采取分流措施，如果能够再采取一些积极的维稳措施，完善市场基础制度，吸引增量资金入市，及早平衡市场的供需矛盾，A 股市场就很有可能会出现一个与目前实际情况不一样的行情，会减小人民币贬值的压力和宏观决策的难度。

如果仔细研究全球市场，就会发现美国股市其实先于中国 A 股市场开始调整（比 A 股市场早两个交易日下跌），道琼斯指数这轮下跌了 10% 以上，纳斯达克指数这轮下跌了 13% 以上，而 A 股后来居上跌幅近 20%，从而完全掩盖了美国股市下跌的真相，反而将人民币汇率和 A 股推入了一个非常不利的境地。

其实，早在美联储降息时笔者就指出，美联储的紧缩政策会导致美股下跌，美元套利资金有可能会寻找新的避风港，建议 A 股市场应该想方设法提高吸引力。可惜监管部门不给力，A 股市场掉了链子，反而使其成了全球最恐慌的市场，并结结实实地掩盖了美股下跌的主要原因。

其实逻辑非常简单，美联储告别零利率和实施紧缩政策对美国股市可能是致命一击。笔者曾在2008年研究股票市场与货币政策的关系时，把将近20年美国、日本和中国的股市走势与货币政策及流动性的走势图叠加起来，发现股市上涨未必与货币政策放松和流动性宽松强相关，但每当货币政策紧缩和流动性收紧时，股票市场的熊市都与之相伴。另外，国际货币基金组织的数据显示，1959—2003年，19个主要工业国家的股票市场总共有52次泡沫破裂，其中每一次下跌都与货币政策收紧息息相关。

除非美国经济好到无可挑剔并能够保证高速增长，否则也很难逃避货币政策紧缩带来的新麻烦，现实的美国经济数据实际上并不理想。尤其是处于历史高位的美国股市吸引力已经打了折扣，已经不具备吸引长期资本滞留美国的能力，仅凭加息25个基点和汇差，只会吸引一些短期套利资金和一些从高危市场流出的寻找避风港的短期资金，这样一来对中国的影响就会减弱。

中国为了减轻美联储加息带来的负面影响，实施宽松的货币政策是必然之路；另外，为了避免中国境内资本的大量流出和改变人民币的贬值预期，提高人民币资产价格的吸引力是不二选择，这样一来提振股票市场信心和营造市场吸引力至关重要。如果在股市和人民币资产价格上能够获得收益，人们就不会轻易选择为了汇差和美联储的25个基点而大量逃出中国市场。如果中国股市具有投资吸引力，相信它反而会吸引进来一些追求"避风港"的境外资金，就会从根本上改变和扭转流动性不足的局面。

但当时笔者还提醒不能太过乐观和守株待兔，毕竟A股市场刚刚经历了伤筋动骨的大调整，市场信心和流动性还未彻底恢复，市场还处在休养生息的阶段，而且增量资金并未全面进入。"解禁令"压力不轻，需要决策层高度重视中国股市的矛盾和问题，尽快从深层次解决制度隐患和改革影响市场化的规则，让A股市场尽快恢复信心和重现吸引力，为留住和吸引资本营造环境。

　　可惜的是，A 股市场这次并未赶上这一有利节奏，反而比美股跌得更惨，丧失了"相对"优势。现在监管部门应该深刻反省、反思，提高监管能力，否则不但在关键时刻把握不了有利时机，反而会让相对优势失去，会让宏观决策更加被动。改变 A 股市场平庸的监管水平迫在眉睫。

第七篇 \\\

人民币汇率走势展望

第 22 章
人民币贬值：不可避免的选择

苏　剑

（北京大学经济学院教授、经济研究所常务副所长）

本章主要谈三个问题：经济表现跟人民币贬值的关系，从政策角度看近期人民币贬值的原因，以及汇率政策在中国宏观调控方面的适用性。

一、经济走势与人民币近期的贬值

就人民币近期贬值的问题，笔者非常同意李辉的观点，人民币近期的贬值可能只是个开始，还没有结束。为什么呢？笔者认为汇率波动主要还是应该从实体经济的表现来看，其他短期因素和预期因素只能算是一种扰动，最终还是会向基本面决定的汇率回复。因此，笔者认为主要还是应该从中美两国实体经济的表现来看人民币兑美元汇率的波动。

就美国经济来说，统计数据似乎表明美国经济状况还不错，所以许多人认为美国现在处于加息的前夜，有助于推动美元走强。

而中国呢，2015 年的经济形势跟大家在 2015 年初的预判差得太多。为什么呢？因为大家都没有想到，2015 年的宏观调控以及经济、金融市场的运行会出现那么多的意外。

第一，大家都没想到政府会通过刺激股市来稳增长。按照笔者的理解，政府之所以希望用股市稳增长，可能的原因有两个：首先是所谓的"财富效应"，股市涨起来了，大家的财富的名义价值就会增加，腰包鼓起来了，就可以多买东西，就可以稳增长。其次是通过股市解决中小企业融资难、融资贵的问题，从而刺激经济。这两个想法听起来似乎都很有道理，但实际结果却很差。所谓的"财富效应"没有出现，而刺激股市最终又导致了存款搬家，银行存款不足，导致间接融资出现困难。直接融资的增加弥补不了间接融资的减少，结果实体经济反而"失血"，于是中国的经济形势迅速恶化。

第二，中国经济中已经没有好的投资机会了，民间投资刺激不起来。实际上，股市的火爆、房价近年来的暴涨使得实体经济中的任何投资机会都没有了吸引力，实体经济中不管怎么经营都比不上炒房、炒股的收益。所以，老百姓有钱也宁愿买房、炒股。

第三，中国的供给也出问题了。中国老百姓的需求不足吗？你看一看中国老百姓到了海外是怎么买东西的。中国老百姓到了日本能把人家的马桶盖买光，到了欧洲能把人家的奢侈品清空，到了欧美能买得欧美人买不到奶粉，到了加拿大和澳大利亚能让当地人买不起房子。这些都说明中国老百姓不缺需求，缺的是有效供给。中国老百姓需要奢侈品，自己生产不出来；中国的小孩需要奶粉，但我们的国产奶粉却不敢给小孩吃，但凡能买得起进口奶粉的家庭都不会给孩子吃国产奶粉；等等。

中国目前的国家治理体系也有一些问题，不能保证产品的质量和消费安全，因此就无法保证产品的有效供给。所以，消费上不去，投资也就上不去，投资是没有投资机会，消费是对国产货没有信心。

第四，近三年的反腐对需求方面也构成了一些压力。反腐是必要的，这一点毫无疑问，但任何事情都是一分为二的，所以有"负面效应"也是正常的，不承认这种"负面效应"就无法准确理解和把握现在中国的经济形势。一个"负面效应"就是高端消费即奢侈品消费降下来了，另一个"负面效应"是地方政府在工作方面采取了不作为，导致中国财政政策的传导机制失灵了。

总体来说，从经济的自然走势看，人民币汇率贬值的原因在于：一是美国经济形势比较好，加息预期比较强烈；二是中国的经济形势恶化，人们对未来中国经济形势不太看好。这就导致人民币有贬值的压力。但这是经济的自然倾向，人民币要真的贬值还需要汇率政策立场的调整。

二、为什么要采取人民币贬值的政策？

在经济形势这么弱的情况下，政府为了稳增长，从理论上说有财政政策和货币政策可以采取。但这两个政策都已经失灵了。财政政策之所以失灵，主要原因在于现在的传导渠道跟以前完全不一样了，财政政策传导机制变了，以前中央政府一个政策传达下去，地方政府干项目的积极性很大，现在不干了，因为它们已经没有积极性了，这是反腐的"负面效应"。

关于货币政策，一方面，中国经济缺乏好的投资机会，有钱好像也找不到好的投资机会，投资上不去；另一方面，刺激股市的结果是使钱搬家了，导致货币政策刺激经济的效果也不好。在财政政策和货币政策都几乎要失灵的情况下，为了稳增长，似乎只有采取汇率贬值这一招，通过贬值来刺激出口，把经济拉上去。

因此，一方面，经济的自然走势要求人民币贬值，另一方面，人民币贬值也被认为有助于稳增长，所以，人民币贬值就这样出现了。

三、中国还能用汇率政策调控经济吗？

人民币本次贬值对世界经济产生了巨大影响，让世人看到了人民币和中国经济的巨大威力。我们要问的一个问题是，从这一次人民币贬值的效果来看，中国今后还能用汇率政策调控经济吗？

以前中国经济规模比较小，把汇率定在什么水平上，一般情况下大家也不太在意。现在中国经济已经是世界第二大经济，按购买力平价计算的话，已经是世界第一大经济。在这种情况下，如果汇率贬值，对世界经济来说影响很大，尤其是在快速大幅度贬值的情况下，对其他国家经济的影响尤其大。这一次人民币连续贬值三天，贬值差不多5%，导致全世界几乎所有的资产市场都发生了剧烈的波动。

现在中国经济规模很大，中国的人民币跟美元一样具有了一定程度的世界价值尺度职能，因此，中国人民币汇率发生变化，其他货币也会随之调整，有点水涨船高的倾向。结果可能就会引发货币战争，导致世界经济出现更大的不确定性。

另外，通过汇率贬值的办法来稳增长，对本国来说负面效应也比较大，也是很多人不提倡的。前几天笔者看到有人转发了一个美国经济学家对汇率贬值的评价，这个经济学家说汇率贬值跟"尿床"一样，尿的时候很爽，尿完以后发现很麻烦。这里的关键就是要弄清楚经济表现和汇率波动谁是因、谁是果，不要倒果为因。我们要明白，汇率是由经济表现决定的，而不是汇率决定经济表现。因此，经济表现是因，汇率是果，不能反过来，用汇率政策调节经济就是倒果为因；对于小经济来说，可以这样做，但对于大经济来说，这样做的影响就太大，不能这样做。

中国过去做了一些倒果为因的事情，最终都产生了巨大的影响。

举几个例子吧。新中国刚刚成立的时候，当时的中国领导人希望尽快"超英赶美"。他们一看，英美之所以强大，就在于钢产量高，因此就大炼钢铁。他们觉得钢铁产量上去了，就赶上英美了。于是把锅都砸了，用来炼钢，问题是生产钢铁不就是为了生产锅吗？为啥反过来用锅去炼钢？结果造成巨大浪费。

后来中国又采取了"重工业优先发展"的战略，原因是他们认为发达国家之所以发达，就在于重工业强大。认为只要重工业发达了，就赶上发达国家了。但重工业是资金密集型行业，对劳动力的吸纳非常差，结果导致城镇劳动力过剩，于是就让城镇劳动力回到农村去，而且还实行严格的管理劳动力流动的机制。这样，户籍制度就出来了，城乡二元机制就出来了，农民被固定在土地上，而最后城里人生的孩子还要就业，怎么办呢？让他们上山下乡。这还不够，还要从源头上解决问题，于是采取了计划生育政策，其影响一直到现在还在发挥作用。

汇率政策也一样，汇率的变动如果是经济运行的结果，由市场决定，这个没有问题，但如果希望用汇率来稳定经济，就同样是倒果为因，问题马上就出来了。只要政府希望把汇率稳定在某个水平上，就必然导致外汇市场失衡，要么是供大于求，要么是供小于求，要么导致资本外逃，要么导致热钱流入。中国从 2003 年起就面临人民币升值的压力，但中国政府就是不升值，结果外汇大量流入，引发资产价格泡沫，到现在其后果依然难以消除。

所以，问题的关键是，我国要实行汇率形成的市场化，升也罢，贬也罢，都由市场决定，都是经济运行的结果，而不是倒果为因，把它作为调控经济的手段。

第 23 章
人民币的未来：汇率升降之外

张　斌

（中国社会科学院世界经济与政治研究所全球宏观经济研究室主任、研究员）

　　本章主要给出分析近期汇率问题的一些看法。2015 年 8 月 11 日以后人民币汇率形成机制和市场预期出现了非常大的变化。有人说人民币应该贬值15%，有人说人民币应该贬值 20%，甚至有人说人民币应该贬值 40%。半年之前很多人听到这种声音会觉得匪夷所思，但是现在这么说很多人会相信，原因在哪里？这里主要集中讨论三个问题。首先是分析人民币背后的经济基本面大概是什么情况；其次是讨论一下为什么在"8·11"以后看到了人民币的持续贬值，人民币的贬值预期从何而来；最后是谈接下来的人民币走势。

一、人民币的经济基本面

（一）汇率影响因素的分析框架

　　影响汇率的因素有很多，讲到汇率问题的时

候，我们首先需要有一个分析的框架。汇率是一个价格，价格在市场上受供求两方面力量的影响。通过这两种力量大概可以看到两种交易类型:一种是对外商品和服务的交易，这会带来外汇市场的供求;另一种是对外金融资产的交易，这也会带来外汇市场的供求。

对外商品和服务市场供求背后的力量是什么呢? 取决于这个国家收入和支出两个力量的对比。如果这个国家收入水平大于意愿支出水平，多出来的一部分就会形成经常项目的盈余，经常项目盈余反映到外汇市场上就是外汇供大于求，对货币有升值的压力。反过来说，其他条件都不变，如果收入小于意愿支出，就会形成经常项目的逆差，经常项目的逆差反映到外汇市场上就是外汇供小于求，对货币有贬值的压力，这是商品和服务贸易带来的外汇市场供求。

特别是在短期，金融市场从交易规模角度来讲远大于商品和服务贸易的交易。对外金融资产交易背后的力量是什么呢? 关键看两种货币计价资产的可实现的、风险调整过的预期收益率。预期收益率背后的两个最重要的因素分别是经济增长速度以及金融市场发育和开放的程度。

结合今天中国的情况来看，在相当长一段时间内，中国的收入还是大于支出，经常项目下还是盈余，保守估计 2016—2017 年有 3 000 亿～4 000 亿美元的顺差，这是让货币升值的力量。对这块我们不加讨论，我们重点讨论金融资产可实现的预期收益率是怎么样的。

(二) 从制造业到服务业的第二次经济结构转型

中国经济在今天最大的基本面是什么? 在笔者看来就是经济结构转型。经济结构转型是一个经济体工业增加值在 GDP 的占比达到峰值后开始下降的过程。这个峰值从国际经验来看，最少的是像中国香港这样的城市经济体，达到 34%～35%，德国最高，达到 50%，大部分国家在 40% 的时候达到峰值。过了这个峰值，整个经济发展会发生很大变化，经济增长速度从经验上来看也会有一个调整。先是美国和加拿大，然后是西欧和日本，接着是南欧，再到东亚，所有的高收入经济体过去都看到了这种转型。中国在 2008—2010 年的时候，收入水平达到了经济结构转型国际经验的门槛值，工业增加值的占比、总消费中工业产品的占比、劳动力在工业部门的占比都出现了转折性变化。所有这些指标都告诉我们中国经济正在经历经济结构转型期。在经历这个特殊时期的时候，经济增长速度从东亚国家来看会有很大的台阶式的下降。比如，日本转型前在 20 世纪 60 年代平均经济增长速度能达到 8%～9%，到转型后的 10 年 20 世纪 70 年代平均经济增长速度只有 4%～5%，经济增长速度下降了一半。这是一个大的经济增长背景。

在经济转型背景下，经济中各种矛盾多了，经济增长速度降下来了，对汇率有什么影响？尽管增长速度下了一个台阶，但是中国比发达国家的经济增长速度还是要高一些，下台阶归下台阶，经济增长速度并不输于它们。从经验上看，在经济转型阶段大部分国家的实际有效汇率还在升值，韩国是个例外，因为韩国在转型的前期阶段不太成功。

（三）经济增长前景

具体来看一下中国，比较一下中国现在的经济增长率与发达国家的增长率。关于发达国家的经济增长，过去几年国际学术界最关注的一个词就是长期增长停滞。发达国家的经济增长率在 20 世纪 50—60 年代是 5%～6%，70—80 年代是 3%～4%，从 90 年代到现在是 2%左右。2016 年对美国经济的担心在不断提高；欧洲和日本由于实施量化宽松的货币政策，往好的方向走了一些，但是日本潜在的经济增速为 0%左右，乐观一点为 0～0.5%，欧元区的经济增速保持为 1%左右，美国的经济增速长期为 2%，把发达国家放在一起经济增速平均为 1.5%左右。反过来看中国，中国经济增速下降到 6%也不一定见底。即便到了 5%，经济增速仍比发达国家高出一大截，较高的经济增速会对资产收益形成支持。

近期金融市场的动荡很多，总的来说过去几年金融市场化进展非常快，交易的主体、金融产品在过去几年其实变化是非常大的，对于投资者来说可获得的金融资产、可选择的机会越来越多，这方面总体来看是在不断进步。

（四）人民币不是弱势货币

从经济基本面来看，人民币不是弱势货币。市场上很多人讲人民币被高估了。原因有很多，但在笔者看来都不太能站得住脚。讲高估是相对于均衡汇率，你能很准确地算出一个均衡汇率的数值吗？笔者自己算过很多年的均衡汇率，计算均衡汇率的前提条件是经济基本面相对稳定。这个前提条件我们不具备，而且我们也没有相关的一些数据和系数估计的支持。如果说你算不准均衡汇率，凭什么说人民币被高估或者被低估了？还有人说人民币过去几年已经升值了 30%～40%，难道没有被高估吗？这更难令人信服。北京的房价从 5 000 元/平方米涨到 10 000 元/平方米时，涨了那么多，10 000 元/平方米的北京房价被高估了吗？你看一下赶超相对成功的经济体，货币升值 200%～300% 是正常的，没有什么特别。还有人说美联储加息、中国经济增长下滑会带来人民币贬值。经济增长速度下降没错，美联储加息，我们要降息，产生息差也没错，但这就一定会带来人民币贬值吗？就日本而言，与 20 世纪 60 年代相比，20 世纪 70 年代日元利率比美元利率低很多，而与此同时，日本的经济有一个非常大的台阶式的下降，日元升值了 30% 多。这个例子告诉我们什么呢？市场上人云亦云的人民币贬值原因未必成立，要从经济基本面上找到非常强有力的支持人民币贬值的证据或者人民币被高估的证据不太容易，笔者自己也没有找到特别能说服自己的证据。

二、人民币为什么贬值

还有一个讲人民币贬值的故事。前两年以人民币国际化为名、资本项目开放为实，扩大了资本项目开放。开放没有什么不好，但是我们的实施次序有问题，汇率还没搞好就搞资本项目开放，结果单边升值预期催动企业增加外债。过去几年我们积累了非常大规模的外债。这一规模相对于中国的经济体量来说还不算太大，但是从绝对规模上来说不小了，不同的估计达到了 1.5 万亿~1.6 万亿美元。现在企业开始去外债，所以带来人民币贬值。这不能叫原因，外债去杠杆，居民买外汇，这是现象。原因是什么呢？原因不是利差，是人民币贬值预期。

回到根本性的问题上，为什么人民币有贬值预期？我们先从时点上去看一下，你看一看时点，看几条线就知道为什么人民币有贬值预期。人民币汇率背后除了经济基本面的因素，更重要的是政策基本面的因素。因为到目前为止，人民币的汇率是一个官方定价，市场是发挥作用的，但是市场发挥的作用相对来说比较有限，市场主要是看央行的脸色行事，特别是对短期的汇率来说政策基本面更重要。人民币从单边升值预期到贬值预期，什么时候是转折点呢？是 2014 年 2 月末 3 月初（见图 23—1）。为什么是这个时点？那时人民币汇率即将破 6，市场拼命投机人民币升值，大家拼命借外债，到海外借债。央行的冲销压力特别大。央行干了一件特别的事，市场力量让人民币升值，央行通过大量抛售美元让人民币贬值。央行向市场传递的信息是套利人民币升值可能会赔钱。从那以后，人民币贬值收不住了，贬值预期好一阵坏一阵。总的情况还好，贬值预期一直存在，但不是太强，资本一直在流出，但也不是太大。

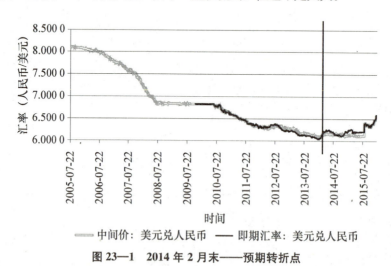

图 23—1　2014 年 2 月末——预期转折点

下一个关键时点是"8·11"(见图23—2)。"8·11"文件发出来之后,所有支持汇率市场化改革的人都非常兴奋。但是到2015年8月13日情况完全颠覆了。央行2015年8月13日在吹风会上说,人民币已经连着贬值两天了,已经贬到底了,央行觉得这个位置基本上可以了,不能再贬了,需要稳住了。这时候央行就开始大量在外汇市场上干预。"8·11"告诉市场的是,央行希望推进市场化的汇率形成机制;"8·13"告诉市场的是,虽然央行希望推进汇率市场化形成机制,但是不希望市场波动太大。既要市场,又不要波动,怎么办呢?以稳为重,"8·13"以后就稳住。但是"8·13"之后的稳法跟之前的稳法是不一样的,之前央行告诉市场中间价,这个价格也代表了央行希望的价格,市场会跟着央行走。"8·13"之后中间价因为要保持与上个交易日的收盘价的连续性,市场看不到央行究竟希望价格处于哪个位置了,市场预期更不稳了。对于央行来说,没有了明面上的中间价,但是还有维稳的目标价格,与以前相比,因为没有了中间价引导,只有通过更大量的外汇市场干预才能够实现目标汇率。不管怎么样,央行花得起钱,外汇储备少点就少点吧。从2015年8月13日到10月末,你可以看到人民币兑美元的价格是走平了。人民币没有贬值,市场上预期人民币要贬值,

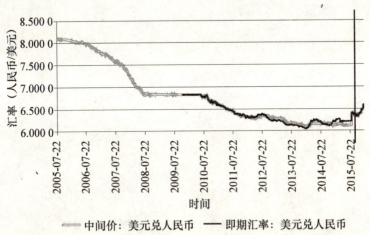

图23—2 "8·11"的初衷——放弃中间汇率,让市场定价

但是央行牺牲了很多外汇储备来干预市场，汇率价格还是比较稳的。到2015年10月末之后，离岸市场贬值预期有所下降，市场看出来斗不过央行，央行决定要稳住，市场只能跟着央行走。

2015年11月又是一个关键时点。2015年8—11月的汇率维稳稍微让市场平静了一下，央行接下来重拾贬值路线。我们看到汇率是这么一条线——渐进贬值的线（见图23—3）。如果投资者看到这么一条线，会怎么办？如果笔者是投资者，看到的是这样的汇率形成机制，是肯定要跑的，因为央行向市场传递的信号是人民币会渐进贬值，那么笔者自然是跑得越早越好。不管是什么经济基本面，必须跑了再说。所以我们就会看到越来越多持有外债的企业拼命地加速还债，越来越多的居民尽可能地、尽快地把人民币换成美元。

图23— 3 2015年11月以来——渐进贬值策略

三、2016 年人民币走势展望

人民币贬值跟股市下跌有一些差别，股市上有一些估值问题，还有一些经济基本面的问题。笔者认为，对于汇市来讲，从经济基本面想不到特别有说服力的逻辑和完整的数据来支持人民币贬值，但是能够从政策基本面找到一个非常强的人民币贬值的逻辑和证据。人民币的贬值预期从哪里来？更多的是由于汇率形成机制问题。

在最后关头，央行经济学家马骏发言之后，汇率慢慢稳住了一点。为什么会稳住一点？其实很简单，这个发言大家好好读一读。马骏的发言传递的信息非常清楚，告诉你未来一段时间汇率形成机制是怎么样的。过去讲人民币汇率形成机制时主要讲三个因素，以市场供求为基础，参考一揽子货币，保持汇率基本稳定，主要讲人民币兑美元的稳定。马骏的发言讲的是以保持篮子汇率稳定为主基调，没有提市场供求。马骏的发言还告诉做市商们，市场交易人员要领会央行的意图，做市商在提供中间价报价时要考虑稳定篮子汇率的需要，以及考虑央行的策略。

为什么要保持篮子汇率稳定呢？如果完全盯住篮子，人民币兑美元明天的报价就不取决于中国外汇市场供求面，而是取决于美元、欧元、日元等篮子货币汇率之间的变化。你没有办法判断人民币兑美元是升还是贬，只能通过篮子货币之间的汇率变化去判断。如果你真能做到根据篮子货币汇率的变化方向判断，那么还不如去赚那些市场的钱，没有必要投机于人民币汇率。从短期来看，稳住篮子货币汇率和稳住人民币兑美元汇率相似，市场很难在这样的汇率形成机制下投机赚钱。

近期人民币汇率会怎么样？如果央行按照马骏的发言来做，令马骏发言那天的人民币汇率指数为 100，上下波动 1～2 个百分点，你可以推算未来美元兑人民币的汇率。做一个情景模拟，如果未来美元兑欧元、美元兑日元升值 5%，那么美元兑人民币将会贬值 2%～4%。

从"8·11"到今天，汇率形成机制的小变化已经出现过好几次了。马骏的发言还讲了这么一个内容：根据宏观经济走势，对篮子汇率加入爬行机制，这是非常典型的新加坡的 BBC 制度，这个机制不是不能用，而是若使用这个机制，就会严重丧失货币政策的独立性。新加坡没有利率政策，只能通过汇率政策解决产出缺口和物价稳定问题。如果我们往这个方向走，利率的独立性就会越来越小。BBC 制度下要利率政策也可以，但是需要采取非常严格的资本管制，人民币国际化就更谈不上了。

保持人民币兑篮子货币稳定作为权宜之计不是不可以，但根本上这还是盯住汇率制度，BBC 也是盯住汇率制度。我们不能丢了西瓜捡芝麻，汇率对我们来说是芝麻，利率才是西瓜。

第 24 章
迈向汇率浮动新阶段
——人民币汇改的可能路径

许 伟

（国务院发展研究中心宏观经济研究部第一研究室副主任、副研究员）

2015 年 8 月 11 日上午，央行宣布实行新的人民币汇率中间价调整机制。当日人民币对美元中间价贬值近 2%，随后 9 个交易日（截止到 2015 年 8 月 20 日）人民币对美元中间价累计贬值约 5%，人民币有效汇率（以对主要贸易伙伴的进出口额为权重）贬值 3% 左右，应该说实现了货币当局希望调整的幅度（人民币有效汇率走势见图 24—1）。但随后在人民币贬值和美联储加息预期等因素的多重冲击下，主要新兴经济体的货币和资本市场出现了较大幅度的调整，资本流出新兴市场的步伐明显加快，避险资产需求大增。

目前，各方都比较关注人民币汇率后续走势。对此拟从三个方面报告一下个人想法，并不代表所在机构的观点，当然文责自负。第一，对本轮人民币调整的看法，包括调整幅度、机制和影响；第二，影响汇率安排的中长期因素，包括劳动生产率追赶步伐、资产跨境优化配置以及宏观调控框架的完善等；第三，汇改后续走向，重点是从追赶型经济体的经验来推断。

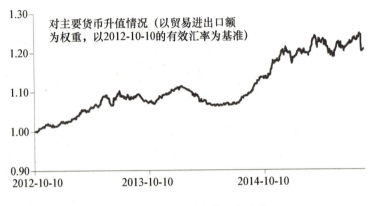

图24—1　人民币有效汇率走势

资料来源：作者编制。

一、对"8·11"人民币汇率中间价调整的看法

有效汇率贬值3％以后是否接近均衡？在不考虑汇率超调和非理性因素的前提下，理论上要做到汇率调整可控，关键是要测算汇率的均衡水平。当然，对汇率均衡水平的测度本身也存在诸多争议。首先，从国内经济形势和国际收支情况来看，2014年人民币汇率基本处在均衡水平。不少实证研究亦支持这一判断，众多过去对人民币汇率水平持批评态度的研究机构基本上都认为人民币汇率不存在低估，比如美国的彼得森国际经济研究所（Cline，2015）和IMF（2015）等（见表24—1）。2014年，我国的出口增速保持在6％左右，经常项目占GDP的比重大约为2％。2015年1—7月，中国经济相对其他经济体的增速进一步放缓，出口增速进一步放缓，有效汇率反而升值了约3％。与此同时，即期汇率长时间处于波幅限制的下限（相对于中间价，市场存在持续的贬值预期），资本流出明显。这说明至少

2015 年年初以来的人民币对美元汇率中间价设定高了。

表 24—1　　　　国外部分研究机构和学者对人民币均衡汇率的估计

年份	作者或者机构	低估或高估程度	方法
2015 年	IMF（2015）	不存在低估	外部平衡评估（External Balance Assessment, EBA）
2015 年	William R. Cline（2015）	不存在低估	基本要素均衡汇率理论（Fundamental Equilibrium Exchange Rate, FEER）
2014 年	William R. Cline（2014）	低估 1.1%（REER）、低估 2.8%（人民币对美元汇率）	基本要素均衡汇率理论（Fundamental Equilibrium Exchange Rate, FEER）
2014 年	Martin Kessler 和 Arvind Subramanian（2014）	线性模型估计结果：2011 年低估近 10%，2005 年低估约 35%；非线性模型估计结果：2011 年高估近 6%，2005 年低估近 22%	购买力平价（Purchasing Power Parity, PPP）

　　假定 2014 年汇率已经处于均衡水平，有效汇率升值 3%，如果不考虑超调或者后续经济增速放缓的影响，贬值 3% 或许又重新回到了均衡水平。从利率平价角度看，贬值之后的人民币汇率基本上也处在均衡位置附近。但是，如果从广义的资产回报率来看，人民币贬值的预期可能会更强一些。而且，从中期视角即国际收支来看，相对于主要贸易伙伴，过去几年人民币有效汇率年均约升值 5%。通常，如果经常项目盈余（CA）占 GDP 的比重不超过 2%，实际有效汇率（REER）升值步伐一般年均不超过 1.5%（见图 24—2）。

　　新的中间价形成机制有何特点？这是人民币汇改的重大突破。2005 年 7

月汇改之后，我国实行的是参考一篮子货币、以市场供求为基础的、有管理的浮动汇率制度。中间价的设定无疑会参考人民币对主要贸易伙伴国汇率波动和贸易收支的情况，即期汇率围绕中间价波动的幅度限制亦逐步放宽至±2%。但从实际情况来看，总体上中间价对市场实际情况的反应明显不足。根据IMF（2015）的研究，大部分时候中间价的调整并不反映即期市场变化。而新的中间价定价则主要考虑上一期汇率的收盘价以及外汇供求和隔夜欧美市场的情况。应该说，中间价的形成机制有了很大进展，待市场磨合完成之后，市场力量对汇率走势的影响分量将更为凸显。

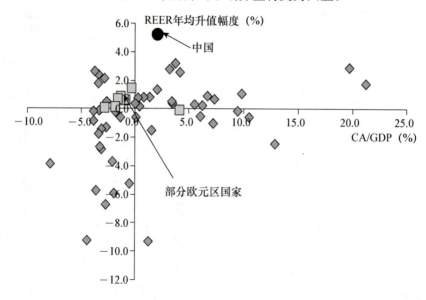

图 24—2　经常项目盈余和实际有效汇率升值幅度（2010—2015 年）

资料来源：Wind，作者计算。

可以想象，在人民币汇率形成机制更市场化之后，未来波动的幅度肯定会更大。用日间波动和汇率的均值之比（相当于一个变异系数）来表示美元兑人民币的波动幅度，从 2012 年 1 月到 2015 年 8 月，人民币的波动幅度低于主要新兴市场货币（见图 24—3）。2015 年 1—8 月可能是因为贬值的预期比较强，货币当局进行了干预，浮动区间反而有所收窄。

　　汇率调整会引发"浮动恐惧症"还是会消除宏观失衡？对具体主体而言，影响肯定不一致，关键还是如何适应汇率波动。一方面，目前有一些对人民币汇率形成机制调整比较负面的看法，归结起来看还是出于对浮动的恐惧，毕竟人民币已经强势了大概 10 年左右的时间。浮动恐惧原本是指

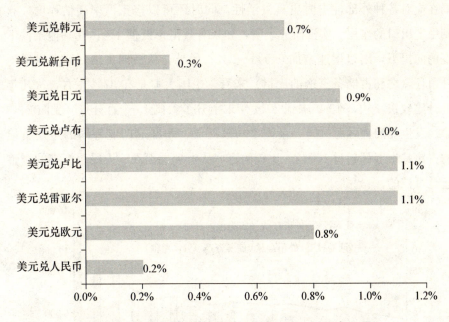

图 24—3　汇率日间波动比较（2012 年 1 月—2015 年 8 月）

资料来源：Wind 资讯，作者计算。

麦金农描述东亚高储蓄和美元本位的汇率安排时提出的理论假说，背景是 20 世纪 90 年代日元升值和亚洲金融危机。2005 年前后部分学者对人民币升值所持的异议也基本上源自这种观点。持有这种观点的人士往往认为，目前存在一部分企业或者机构还拥有外币债务，币种错配风险尚未很好对冲。如果人民币贬值，会造成资产负债表恶化，类似 1997 年亚洲金融危机的情形。这对人民币资产价格（特别是目前已经较高的部分股票价格和房地产价格）将产生负面影响，从而引发资产价格下跌和资本外流，进而冲击经济基本面。另外，也有可能触发竞争性贬值，造成新兴市场资产价格和汇

率的大幅调整，反而难以获得贬值的全部效果。

另一方面，对人民币汇率改革持正面看法的观点则认为汇率形成机制和币值调整不仅可以消除中国经济转型过程中宏观失衡的风险，而且调整过程本身是可控的。比如，汇率机制弹性和货币政策独立性增强，决策当局在应对各种外部冲击时更具灵活性，同时还可以修正汇率高估程度，起到稳定出口的作用。实证研究表明，如果有效汇率贬值1%，在其他条件不变的前提下，出口增速增加0.5%～2%。另外，从短期负债（证券投资与外币存款之和占储备资产的比重）来看，中国大概是在37%左右，这几年上升比较快，从2010年末到2014年末上升了大概15个百分点（见图24—4）。发生亚洲金融危机时，泰国、马来西亚、印度尼西亚等国的短期负债的占比基本上都超过100%。比较而言，从宏观层面看，人民币汇率的调整还是可控的。

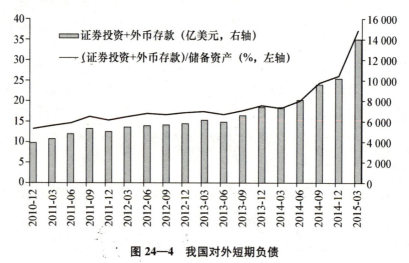

图24—4　我国对外短期负债

资料来源：Wind资讯。

在对外影响方面，一些来自新加坡、马来西亚等东南亚国家的投资者很关注人民币走势，人民币汇率变化对他们的影响边际上可能更大。对世界经济而言，中国和美国是所谓的"双引擎"，2014年全球GDP净增约1.8

万亿美元，其中，中国贡献 7 500 亿美元，美国贡献 6 800 亿美元，两个经济体加起来占了 80% 左右。这两大经济体的调整，举一个不太恰当的比喻，就像两头大象在博弈，结果新兴市场的总需求受到了挤压。

二、影响汇率安排的长期性因素

如果把这一轮汇率调整和整个汇改的历程结合起来观察，人民币汇率改革的取向是市场化的，汇率形成机制也更加接近自由浮动。不过中间肯定会经历一些过渡安排。

关于汇率安排，第二次世界大战后的争论大体上可以分为四类。一是赞成自由浮动和不干预。这首推弗里德曼（1953）。他曾经提到，浮动汇率是外部冲击的隔离墙，一国经济只有锚定在国内通胀指标上，才能保证经济增长的稳定，同时还强调市场参与主体是理性的，政府应尽量少干预。二是赞成固定汇率和不干预。这种观点试图吸收 20 世纪初金本位的优点，强调固定汇率制度相对于浮动汇率制度更能够限制国内货币当局的自由裁量权（Mundell，1999）。中国香港的货币局制度实际上就属于此类型。三是赞成浮动汇率，但同时又清楚干预是自由的代价之一。比如，托宾（Tobin，1978）就认为国际金融市场运转速度很快，效率很高，但其他部门的调整跟不上节奏。如果要坚持货币主权，同时防止出现大的金融动荡，就需要向飞速旋转的砂轮撒一些沙子，人为制造一些摩擦，即征收托宾税。四是赞成对汇率实施区间管理。比较典型的是威廉姆森（Williamson，1998），他支持对货币实行爬行浮动区间管理。

从实际情况来看，不同经济体或者同一经济体在不同发展阶段都有可能采用不同的汇率安排。按照 IMF 的划分，人民币汇率安排目前类似爬行区间管理（likely crawling band）。实际上，很多追赶型新兴经济体的汇率曾经使用过目标区间管理或者爬行区间管理，不过之后都逐步过渡到了浮动安排。即便如威廉姆森当年称赞的智利和哥伦比亚等后来都采用了浮动汇率制度。

值得一提的是，评价爬行区间管理是否有效关键要看以下几方面。一是参考货币或者货币篮子，一般都是根据主要贸易伙伴来确定，比如哥伦比亚的对外贸易对象主要是美国，因此哥伦比亚比索就曾挂钩美元，而智利的贸易对象相对多元化，因此智利比索就曾挂钩一篮子货币。二是确定汇率的平价水平或者中间价水平。如果中间价水平能够和经济的基本面情况相一致，汇率安排维持爬行区间管理的可能性就很大；如果中间价水平偏离均衡水平太远，要么调整中间价或者放宽波动限制，要么只能放弃汇率管理。爬行盯住的好处就是可以根据经济的变化调整中间价。当然，如果遭遇巨大的外部冲击和国内经济形势下行压力过大，多数都放弃了汇率管理。三是允许汇率围绕中间价波动的幅度。从多数国家的实践来看，允许偏离中间价的幅度基本上都在5％～15％的范围。浮动限制如果过紧，不容易盯住；如果太松，基本上就算是浮动汇率安排了。四是资本管制的程度。如果资本管制更严格，爬行区间管理的有效性会更高一些。

这一轮中间价形成机制调整是汇率改革的重大突破，但从目前外汇市场的运行情况来看，人民币汇率安排仍然属于爬行区间管理，而不是浮动安排。下一步是否有必要推进到浮动安排，可能还是要从相对长期的角度观察。下面给出三个方面的中长期因素，实际上这些因素过去也一直在影响汇率安排的变化，只不过不同因素在不同时期的权重可能有所差异。

一是劳动生产率追赶速度放缓。2012年以后，中国和前沿国家劳动生产率差距缩小的步伐有所放缓。比如在2013—2014年期间，中国和美国之间劳动生产率增速的差异缩小至5.5个百分点；在2003—2012年期间差值则是9个百分点。此外，截至2014年，按购买力平价计算（基于1990年的G-K国际元），中国大陆人均GDP基本上相当于美国的三分之一（见图24—5）。根据成功追赶型经济体的经验，人民币对美元的真实利率水平已经进入平稳区间。或者说，随着中国大陆高速追赶时期的结束，巴拉萨-萨缪尔森效应的影响将不再如以往那么突出，反而国际收支和经济周期等因素的影响权重将更大。真实汇率水平快速升值阶段的结束，其实也意味着单靠劳动生产率差异等长期因素来准确判断均衡水平的难度有所上升。

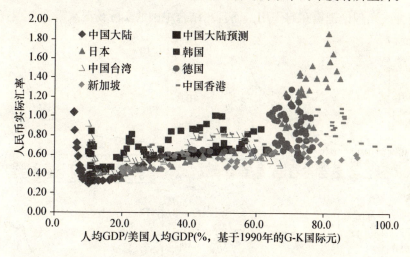

图 24—5　实际汇率和劳动生产率追赶（1990—2014 年）

资料来源：Wind 资讯。

　　二是跨境资产配置的要求。如图 24—6 所示，从总量看，中国 2014 年对外总资产占 GDP 的比重仅约为 65%，对外总负债占 GDP 的比重仅约为 40%。而美国和德国 2011 年的对外总资产占 GDP 的比重都超过了 150%，日本在 130% 左右。同时，美国和德国 2011 年的对外总负债占 GDP 的比重分别在 180% 和 200% 附近，即便是日本也有约 80% 的水平。从对外资产持有主体结构来看，中国对外资产主要由官方持有，而在上述其他三个国家，主要由私人机构持有。中国近年来私人部门的财富增长很快，未来中国的跨境资产配置至少存在两个趋势：其一是海外资产总量持续增加；其二是持有主体更加多元化。前者意味着资本账户需要进一步放开，中国境内的资本要走出去，资本项目逆差将继续扩大。后者则意味着官方对汇率市场的干预减少，同时外汇市场能够提供更为多元的产品，满足不同主体对风险和收益的多层次需求。

　　三是开放经济条件下宏观经济管理框架的完善。2013 年以来中国实际上遭遇了几次不大的流动性短缺冲击，包括 2013 年 6 月的钱荒、2013 年年底的债市大幅调整以及刚刚过去的股市波动。金融市场上的动荡背后还是不可能三角理论逻辑在起作用。而且，结合中国的实际情况来看，兼顾资本

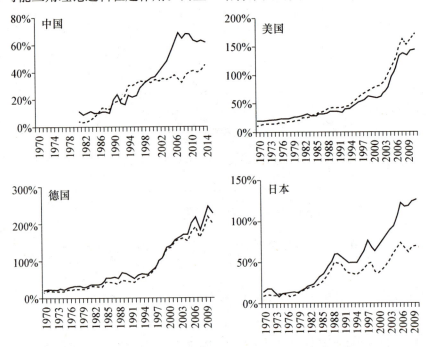

图 24—6　跨境资产配置潜力

注：实线表示对外总资产/GDP；虚线表示对外总负债/GDP。德国 1989 年及以前的数据为联邦德国的数据。鉴于数据的可获得性，中国的数据的时间跨度为 1980—2014 年，美国、德国、日本的数据的时间跨度为 1970—2011 年。

资料来源：Wind 资讯。

账户管制、汇率浮动和独立的货币政策的难度不断增加，尤其是考虑到近年来不断涌现的金融脱媒现象。具体来讲，在汇率存在持续升值预期的背景下，经常项目和资本项目盈余很多，为了维持有管理的浮动，货币当局被迫购汇，外汇占款增多，同时为避免基础货币投放过多造成通胀，又必须以提高存款准备金等方式冲销。但这种方式并不能持续，比如 2007 年前后出现的通胀和经济过热以及 2010 年以后的影子银行活动盛行，表明货币

政策的效力实际上被削弱。2013 年以后情况反过来了，随着汇率逐步接近均衡水平和经常项目盈余相对规模下降，外汇占款增长缓慢或者出现下降。与此同时，央行为了防止汇率进一步贬值，一方面需要释放外汇购进人民币，另一方面还不能轻易增加流动性，这可能造成国内流动性紧张。这对于融资成本高、融资链条长、融资杠杆高的表外活动是釜底抽薪。经济下滑压力继续加大，从而造成进一步的贬值预期，结果央行陷入两难。因此，为了维持和稳定国内的就业和物价，同时防范风险，央行需要通过扩大汇率形成机制的市场化程度，进一步提升自己的独立性。特别是，在人民币获准加入 SDR 后，央行将进一步放开资本账户管理，汇率浮动将更为紧迫。

三、从典型经济体经验看人民币汇改的可能路径

从汇率管制到浮动安排的过渡，一般是通过扩大汇率波动区间或者逐步放弃中间价引导等方式进行的。在追赶型经济体当中，对我国大陆汇改比较有借鉴意义的主要有两类。

一类是日韩等东亚经济体。这一类经济体与我国有比较类似的发展阶段和追赶路径。其中，韩国从 1990 年 3 月起，用市场平均汇率体系（Market Average Rate System）取代了盯住一篮子货币的体系。在该体系下，韩元对美元的汇率由市场决定，但波动幅度受到限制。汇率基准水平为银行间市场上前一个交易日的加权平均水平，汇率的日度双向波动区间不超过该基准的 ±0.4%。这种汇率制度安排是一种向自由浮动区间过渡的安排。之后，对汇率波动幅度的限制逐步放宽。到 1995 年 12 月，汇率波动幅度进一步扩大至 ±2.25%，并一直持续到亚洲金融危机爆发。在亚洲金融危机的冲击下，韩元贬值压力十分明显。即便在 1997 年 11 月将韩元汇率的浮动区间进一步扩大至中心汇率的 ±10%，也难以维持原来的汇率安排。最终，韩国放弃盯住美元的汇率制度，实现自由浮动（Reinhart and Rogoff，2002）。

中国台湾于 1978 年 7 月宣布采用有管理的浮动汇率制度，并于 1979 年 2 月成立外汇市场。至此，新台币的汇率逐步过渡到由市场决定。汇率波动幅度限制设定为中心汇率（前一天的交易汇率）的 ±2.25％。如果市场由于季节或者异常因素导致大幅波动，中国台湾的"央行"仍然会进行干预。1989 年 4 月，中国台湾宣布放弃中心汇率制度以及相关议价机制，±2.25％ 的浮动限制被取消。不过，中国台湾本地的银行每天最多能买进 5 000 万美元，而本地的外资银行每天的交易规模则被限制在 2 000 万美元。到 1990 年 12 月底，进一步取消"小额议定汇率"，汇率浮动基本实现自由化（李国鼎，1994）。需要指出的是，中国台湾的汇改、利率市场化和金融开放是协调推进的。中国台湾 1985 年建立存款保险制度，1989 年解除利率管制，1990 年年底汇率基本实现浮动，与此同时金融市场和服务业开放加快。

另一类是拉美经济体和前苏东地区，比如智利、波兰、哥伦比亚和俄罗斯等。这类经济体转轨特征比较明显。实际上这些经济体都曾经实行过爬行盯住或者有管理的浮动汇率安排，但现在基本上都采取了浮动汇率安排，资本账户的开放程度也有不同程度的提升。比如，智利 1989 年引入了区间管理，有效汇率水平参考一篮子货币（美元、德国马克和日元），波动幅度限制在 ±2％，之后逐步放宽至 ±12.5％。1998 年期间波动幅度限制一度缩小，但最后仍然扩大至 ±15％。到 1999 年最终放弃爬行区间管理。

值得一提的是，像韩国和智利，在 1998 年前后，由于经济基本面遭受金融危机的重大冲击，放弃了汇率区间管理；而中国台湾的汇改做到了相对可控，在做好存款保险和利率市场化的同时，持续推动汇改，在 20 世纪 90 年代的时候汇率基本上实现浮动。所以说，如果能够抓住时机，推进汇改，改革的过程还是相对可控的。

总的来看，后发经济体资本账户开放是一个渐进的过程，所以汇率往往可以在较长时期内采取过渡安排。扩大汇率波动范围或灵活设定中间价是应对短期资本流动挑战的常用手段，同时也是汇率安排从固定或者爬行盯住转向浮动的一种过渡。汇率真正浮动需要资本账户开放、利率市场化等其他自由化手段配合。最后，即便采取了自由浮动汇率也没有办法完全隔离外部的冲击，关键是利弊的权衡。

四、小结

结合当前国内外经济形势，参照国际经验，人民币汇率应该会逐步接近浮动安排。近期，随着这一轮中间价形成机制的完善，下一步是如何减少对外汇市场的干预，继续放宽汇率波动限制。不过，受新兴市场货币贬值以及国内经济增速放缓等因素的影响，人民币贬值预期比较明显，为了防止汇率调整出现过度调整，汇率波动幅度可能会被进一步限制。实际上，当年智利也曾经有所反复，一度限制过汇率波幅。远期来看，应该放弃中间价引导，真正让市场决定汇率，央行保留在必要时干预的权力。这可能要取决于外汇市场建设和资本账户开放程度。随着十八届三中全会各项金融改革措施的落实，汇率市场化改革进程可能加快。政府、企业和个人需要逐步适应这种更大幅度的双向波动。

第 25 章
怎么看近期人民币汇率波动

高玉伟

（中国银行国际金融研究所研究员）

2015 年 11 月初以来，人民币对美元汇率持续贬值，特别是进入 2016 年以来，市场贬值预期愈加强烈。截至 2016 年 1 月 20 日，两个多月来人民币对美元中间价和即期汇率都贬值了 3.7%（见图 25—1）。在此期间，人民币在离岸汇差平均为 491 个基点，1 月 6 日最高曾达到 1 384 个基点（见图 25—2）。在央行一系列措施干预下，目前人民币对美元汇率显现趋稳迹象，在离岸汇差有所收窄，但贬值预期依然存在。未来人民币汇改仍应坚持市场化方向，在主动、可控、渐进原则下，增强汇率波动弹性，积极引导市场预期，加强国际政策协调，保持人民币汇率对一篮子货币基本稳定，为我国经济持续发展创造良好的宏观环境。

一、人民币汇率波动不会改变汇改的市场化方向

汇率市场化改革是我国全面深化改革的重要内

容。中共十八届三中全会指出，要完善人民币汇率市场化形成机制；中央
"十三五"规划建议提出，要推进汇率和利率市场化。目前，我国实行有管
理的浮动汇率体制，而不是单一盯住的固定汇率体制，因此人民币汇率随
市场供求上下波动是正常的，是汇率市场化改革的应有之义。

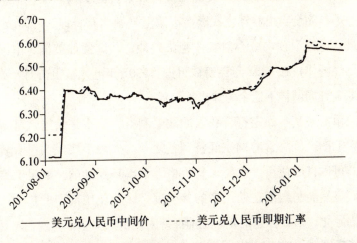

图 25—1 近期美元兑人民币汇率走势

资料来源：Wind 资讯，中国银行国际金融研究所。

图 25—2 在离岸人民币汇差

资料来源：Wind 资讯，中国银行国际金融研究所。

坚持汇改市场化方向并非放任投机套利。在人民币国际化逐步推进的背景下，人民币在境内外存在两个市场、两种价格。当人民币在离岸汇差较大时，容易引发投机套利，跨境资金流动增加，投机交易放大了人民币汇率波幅，以致给正常的跨境贸易和投资带来负面影响。推进汇率市场化改革，并不是完全自由浮动，我国在汇改上强调"有管理"，即在汇率大幅波动时进行适当干预，减小对实体经济的冲击。即便如英国、中国香港等自由市场经济体，在1992年英镑被狙击、1997年港元被狙击时，英格兰银行、香港金管局同样不遗余力地出手干预。

人民币汇率基本稳定符合我国的战略利益。汇率是大国经济博弈的战略武器，汇率之争隐含着国家经济利益之争。人民币要成为世界货币，不仅要求其可以自由使用，也要求其价格即汇率是浮动的。如果汇率波动持续较大，显然会制约潜在使用者的接受度，影响使用范围的扩大，不利于人民币国际化。需要注意的是，当前保持人民币汇率基本稳定，不是单纯地对某一货币稳定，而是在盯住一篮子货币意义上的基本稳定。2015年12月11日，中国外汇交易中心发布CFETS人民币汇率指数，这可以成为保持人民币汇率基本稳定的一个参照系，当明显偏离一定基准时，央行即可干预。

二、保持汇率稳定不能忽视货币政策独立性

在开放宏观经济学中，所谓的"三元悖论"指出，当一国在开放经济条件下进行政策选择时，不能同时实现资本自由流动、货币政策独立性和汇率稳定，这三个政策目标最多只能同时实现两个，而另外一个目标只能舍弃。

货币政策应发挥其在宏观调控中应有的作用。中国作为一个大国经济体，货币政策独立性和有效性对于实现物价稳定并以此促进经济增长、就业增加和国际收支平衡至关重要，这应当作为政策选择的首要目标。当前，我国经济下行压力较大，金融风险错综交织，要求继续实施稳健的货币政策，以促进经济增长、维护金融稳定。

人民币汇率贬值压力压缩了央行货币政策空间。从价格型调控工具来看，由于目前存贷款基准利率达到历史低位，实际利率已经略微为负，且中美利差日益减小（见图 25—3），人民币汇率贬值压力本就较大，继续降息并非央行明智的选择。从数量型调控工具来看，在 2015 年 10 月下旬降准之后，11月、12 月央行口径外汇占款合计减少 1 万亿元，比上年同期多减少 8 800 多亿元（见图 25—4）。尽管当前 M_2 增长率较高，2015 年 12 月末达到 13.3%，但如果基础货币供给大幅减少，这一增速是难以保持的，也不符合稳增长、防风险的需要。然而，在外汇占款大幅下降的背景下，央行在存款准备金率的调整上已经明显受到汇率维稳的掣肘，在降准上表现得更加谨慎，更倾向于使用逆回购、MLF、SLO 等工具缓解市场流动性紧张局面。这在缓解季节性短期资金紧张上比较有效，但并不能够代替长期资金的供给。

图 25—3 中美利差变动

资料来源：Wind 资讯，中国银行国际金融研究所。

2016 年以来，在人民币汇率大幅波动的同时，境内银行间利率也出现季节性上升，隔夜、7 天等不同期限资金相继显现趋紧迹象。央行因此加大了逆回购操作规模，再次启用 MLF、SLO 等创新工具，调节市场流动性的意图比较明显。需要注意的是，这些工具仅在一定意义上有替代降准的作用，

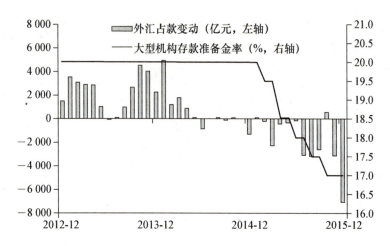

图 25—4　外汇占款及存款准备金率变动

资料来源：Wind 资讯，中国银行国际金融研究所。

央行还需更多地从国内宏观调控需要出发，在保证市场流动性适度充裕的同时，还要瞄准稳定经济增长的目标，合理搭配存款准备金率、逆回购、创新工具及利率等，该降准时还需降准。

三、不能让汇率问题扰乱我国持续发展进程

美元指数进一步大幅上升的概率不大。从长周期看，布雷顿森林体系建立后的 30 年是美元的黄金时代——"美金时代"。但在布雷顿森林体系解体后，美元总体上在波动中"走下坡路"，期间出现过几次阶段性走强。1978—1985 年，美元逐步走强，美联储计算的广义实际美元指数最高达到了 128，上升幅度达到 51％；1995—2002 年，美元再次走强，美元指数最高达到了 113，上升幅度达到 32％；目前这一轮美元走强，从 2011 年开始，已经上升了 22％。由于近几年国际市场已经比较充分地消化了美国货币政策走向常规化的相关信息，再考虑前两次美元走强经验，我们估计美元指数已经完成了大部分的升值"旅程"，预计继续上升的幅度不会太大，并且将在 2016 年某一时点达到阶段性高点。

　　强势美元回归将导致部分经济体发生金融动荡甚至是金融危机。美国人说，我的货币，你的问题。确实，每次强势美元回归，都会伴随着部分经济体的金融动荡。比如，20 世纪 80 年代的拉美债务危机和 20 世纪 90 年代的亚洲金融危机等。尽管危机的发生并非只是因为美元走强，也因为这些国家和地区本身存在结构性问题，如过度对外负债、财政赤字高企、过快开放资本项目等，但每一次危机都伴随着汇率的大幅波动，且这一波动反过来对经济金融稳定产生破坏性冲击（见图 25—5 及表 25—1）。比如，1982 年、1983 年、1986 年、1987 年，墨西哥比索对美元的贬值幅度都超过 50%；1998 年，印度尼西亚卢比、韩元、马来西亚林吉特、泰铢对美元分别比上年贬值 77%、32%、25%、28%；1999 年，巴西雷亚尔对美元贬值 36%；2002 年，阿根廷比索对美元贬值 69%。

　　最近这一轮美元升势猛烈，堪比 1981—1982 年、1984—1985 年以及 1997—1998 年，部分经济体再度发生某种形式金融动荡或危机的概率较大，而反过来对美国经济的负向反馈将拖累美联储的加息步伐，因而美元指数也不至于上升得太剧烈。

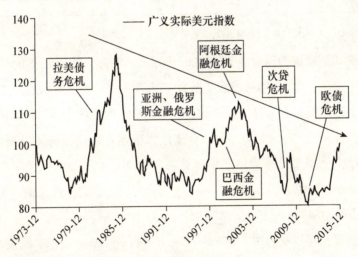

图 25—5　美元指数变动

资料来源：Wind 资讯，中国银行国际金融研究所。

表 25—1　　　　　　　　　　　金融危机打断经济发展进程

		危机爆发年份至人均 GDP 恢复危机前水平年份	人均 GDP 恢复危机前水平所用时间：年
拉美债务危机	墨西哥	1982—1991	10
	巴西	1983—1988	6
	阿根廷	1984—1986	3
亚洲金融危机	泰国	1997—2006	10
	中国香港	1998—2006	9
	菲律宾	1997—2005	9
	印度尼西亚	1997—2004	8
	马来西亚	1997—2004	8
	新加坡	1998—2005	8
	韩国	1997—2003	7
	中国台湾	1998—2003	6
墨西哥金融危机	墨西哥	1995—1999	5
巴西金融危机	巴西	1998—2006	9
阿根廷金融危机	阿根廷	1999—2007	9
"休克疗法"及俄罗斯金融危机	俄罗斯	1991—2004	14

资料来源：Wind 资讯，中国银行国际金融研究所。

那么，谁会成为强势美元"铁蹄下的羔羊"呢？从近几年的经济表现看，日本经济在 2014 年第二季度至 2015 年第一季度陷入了长达 4 个季度的衰退，但之后局势并未进一步恶化，2015 年第三、四季度 GDP 增长率已经转正；俄罗斯经济从 2015 年第一季度陷入衰退，巴西经济状况更加糟糕，已经连续 7 个季度处于衰退之中（见表 25—2）。也就是说，俄罗斯、巴西这两个能源、资源大国首当其冲，正遭受着美元走强的池鱼之殃，而且不排除陷入更被动境地的可能性。

中国要坚持以我为主，在汇率问题上掌握好改革、发展、稳定的平衡。横向比较起来，尽管当前中国遇到了经济下行的挑战，但 2015 年 6.9% 的 GDP 增速在全球依然名列前茅，在主要经济体中仅低于印度。近期人民币汇率的大幅波动，既有外界担忧中国经济前景的因素，也有央行推进汇率市场化顺势主动贬值的因素。在此过程中，我国要吸取拉美、亚洲各国的经验教训，协调推进金融市场化改革和资本项目开放，切实维护经济金融体系安全，保持正常的经济发展步调。

表 25—2　　　　　　　中国、巴西、俄罗斯 GDP 增长及汇率变动

	中国		巴西		俄罗斯	
	GDP 增长率（当季同比,%）	汇率贬值幅度（比上年同期,%）	GDP 增长率（当季同比,%）	汇率贬值幅度（比上年同期,%）	GDP 增长率（当季同比,%）	汇率贬值幅度（比上年同期,%）
2013Q1	7.8	−1.4	2.8	11.5	0.7	1.3
2013Q2	7.5	−2.9	4.1	5.1	1.2	1.9
2013Q3	7.9	−3.7	2.8	11.3	1.3	2.4
2013Q4	7.6	−2.5	2.4	9.6	2.1	4.5
2014Q1	7.3	−1.9	3.2	15.5	0.6	13.5
2014Q2	7.4	1.2	−0.8	7.3	0.7	9.6
2014Q3	7.2	0.6	−1.1	−0.4	0.9	9.3
2014Q4	7.2	1.0	−0.7	10.6	0.4	31.6
2015Q1	7.0	2.1	−2.0	17.8	−2.2	44.4
2015Q2	7.0	−0.4	−3.0	27.4	−4.6	33.6
2015Q3	6.9	2.2	−4.5	35.8	−4.1	42.6
2015Q4	6.8	3.9	−5.9	33.9	−3.8	28.0

注：汇率贬值幅度为负值，表示当期汇率实际上是升值的。
资料来源：Wind 资讯，中国银行国际金融研究所。

四、人民币对美元汇率持续贬值没有客观必然性

关于下一步人民币汇率走势，相当一部分人认为，人民币汇率还将继续贬值。但我们认为，从国内外基本面、政府意愿和能力来看，人民币汇率不会进一步大幅贬值。

市场难以在人民币均衡汇率水平上达成一致。理论上，在人民币和外汇供应充分的市场条件下，供求双方应当能够找到一个均衡汇率。但是，由于实际上人民币资本项下尚未完全开放，中国外汇市场的深度、广度仍

待拓展，要达到一定时期内的市场均衡汇率水平还比较困难。尽管部分研究者也做了一些测算，但受制于假设条件和参数、出发点与视角不同，各个估算结果差别较大。

基本面不支持人民币对美元汇率进一步大幅贬值。从国际收支平衡看，2015年前三季度中国经常项目顺差占GDP的比重为2.6%，美国经常项目逆差占GDP的比重为2.75%，都没有太大程度的失衡。从短期增长看，虽然中国经济增长仍可能继续减速，但美国除了就业数字比较靓丽之外，零售销售低迷，制造业出口疲软，通胀水平较低，油价下跌也不利于相关投资增长和实现2%的通胀目标，这些因素都将拖累美联储加息进程。除了实体经济之外，美联储加息已经导致全球金融市场动荡，这也将干扰美联储进一步做出加息决定。从中长期看，中国仍有潜力保持较高的生产率增速，且还将继续高于美国，这对未来人民币对美元汇率构成强有力的支撑。

中国没有意愿通过竞争性贬值刺激出口。由于全球经济不景气，各经济体贸易均出现萎缩，出口下降并非只是中国遭遇到的难题（见图25—6）。在主要经济体中，2015年中国的出口降幅还算小的。即便人民币对美元在一定程度上贬值，但其他货币同步贬值甚至贬值幅度更大，中国短期内也难以扩大出口规模。利用近几年数据所做的实证研究表明，单纯的人民币对美元汇率变动对出口的影响不大，真正影响出口的是人民币实际有效汇率的变动。格兰杰因果关系检验表明，人民币实际有效汇率而非人民币对美元汇率才是出口的格兰杰原因。而方差分解表明，实际有效汇率的冲击对出口变动的影响在第6期可达20%，在第12期达到近31%，而人民币对美元汇率的冲击对出口变动的影响不足5%（见图25—7）。

人民币汇率将保持基本稳定。第一，中国有3.3万亿美元的外汇储备，汇市维稳是其重要用途之一。必要时，央行可以通过代理行直接入市，通过买卖人民币或美元，减小人民币汇率波动。第二，为了打击投机套利者，央行可以通过窗口指导，要求国有行离岸机构收紧人民币供给，推升投机者人民币拆借成本，甚至限制离岸人民币清算行或参加行在岸回购融资转

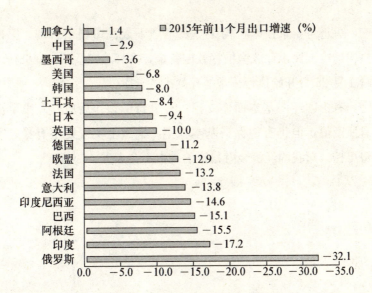

图 25—6　部分主要经济体出口增速

资料来源：Wind 资讯，中国银行国际金融研究所。

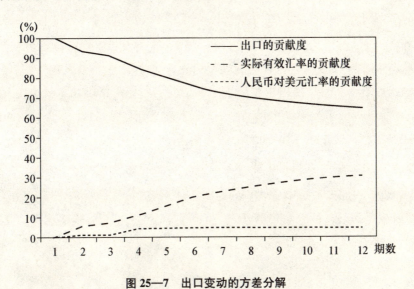

图 25—7　出口变动的方差分解

资料来源：Wind 资讯，中国银行国际金融研究所。

出。第三，央行可要求在岸机构做好资本项下人民币流出管理。第四，要求境外机构境内人民币存放缴纳存款准备金，2016 年 1 月 17 日央行已下发通知，自 1 月 25 日开始执行正常的存款准备金库。

　　总之，有中国经济基本面作支撑，有央行干预作后盾，人民币汇率即便还会有所贬值，但仍有望保持基本稳定，大致上实现贬中有稳、贬升交替、局势可控，对我国经济金融稳定的冲击不会太大。

第 26 章
人民币汇率形成机理回顾及最新研判

邓黎阳　邢曙光

（民生加银资产管理有限公司宏观策略分析师　北京大学经济研究所助理研究员）

本章围绕人民币汇率这一主题，回顾了人民币汇率的历史沿革和相关理论基础，在此基础上探讨了其当前形成机理，并预判其未来走势，提出相关政策建议。

一、历史概述

人民币汇率制度发展大致经历了五个阶段：前计划经济时期、计划经济时期、经济转轨时期、市场化的经济初期以及市场经济深化期。其中，第五个阶段包括了人民币国际化进程和资本项目开放这两个几乎同步的重要事件，它们对人民币汇率都具有重大影响。

（一）自由市场汇率制度阶段

前计划经济时期，可以称为自由市场汇率制度阶段。该时期（1948—1952 年）实际汇率水平的变化是以出口换汇成本、进口销售价格及侨汇购买三个因素为依据的。整个汇率市场几乎处于没有控制和管理的状态，人民币汇率的波动频度和幅度都很大。

（二）高度固定的汇率制度阶段

计划经济时期最大的特点是高度固定的汇率制度。这一时期（1953—1980 年）整体特点是汇率市场管理高度集中，是从一个极端走到了另一个极端。当时的人民币汇率首先盯住了英镑，后来盯住了一篮子货币，其目的都是为了维持汇率稳定。此时，外汇市场的供需力量难以影响汇率水平，更多的是受计划管理的影响。

（三）官方汇率阶段

在经济转轨时期（1981—1992 年），官方汇率贯穿始终。由于国家鼓励出口创汇，汇率政策也以服务贸易为目的。1985 年以前，使用内部结算价以便利贸易结算；1985 年以后，逐步形成外汇调剂市场，各地区有自己的调剂市场汇率。因此，这个阶段一直有两种汇率，套利空间的存在导致了外汇汇率内在的不稳定性。

（四）基于市场供求有管理的浮动汇率制度

市场化的经济初期，实行以市场供求为基础的、有管理的浮动汇率制度。这个阶段（1993 年—2005 年 7 月 20 日）实质上是盯住美元的固定汇率制度。1994 年汇率并轨之后，我国实行单一汇率制度。尤其是在 1997 年亚洲金融危机后，我国实行盯住美元的单一汇率制度以规避外贸结算风险。

（五）基于一篮子货币调节管理的浮动汇率制度

市场经济深化期（2005 年 7 月 21 日至今）的汇率目标是保持人民币汇率在合理、均衡水平上的基本稳定。这一阶段以 2005 年的人民币汇率制度改革为起点，意在构建一个以市场供求为基础，参考一篮子货币进行调节管理的浮动汇率制度。但在 2008 年的金融危机以后，人民币汇率实质上盯住美元（一项为了应对危机的特别举措）。之后对人民币汇率具有重大影响的事件有："8·11"汇改、人民币成功纳入特别提款权（SDR）货币篮子（2015 年 11 月 30 日）、CFETS 人民币汇率指数发布（2015 年 12 月 11 日）、银行间外汇市场夜市交易（2016 年 1 月 4 日起）等（见图 26—1）。

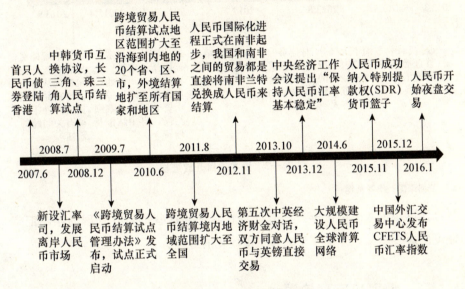

图 26—1　人民币国际化进程

资料来源：作者整理。

伴随着汇率制度改革的不断深化，人民币国际化和资本项目开放也在同步推进（见图 26—2）。首只人民币债券登陆香港至今已近十年，而距QFII 第一单交易完成也已经过了十三年时间。期间，我国不断推动与多国的货币互换协议的签订，积极扩大人民币跨境贸易结算范围，外汇管理和交易制度改革也在同步交织进行。截至 2015 年年底，人民币在国际支付份额中的占比达到 2.25%，在各种国际货币中排名第五。人民币汇率稳定是一个长期的政策目标，也是人民币国际化的必要前提。央行在人民币汇率极端波动时，通过中间价进行窗口指导，并对人民币在岸及离岸市场进行公开市

图26—2 资本项目开放进程

资料来源：作者整理。

场操作以稳定人民币汇率并引导非理性预期。这些都是有管理的浮动汇率制度的应有之义，并不等于放弃了市场化的进程。

二、汇率决定理论漫谈

关于汇率理论的研究可以追溯到中世纪时期。本节主要关注的是购买力平价、利率平价、巴拉萨-萨缪尔森理论、均衡汇率理论、蒙代尔不可能三角理论、汇兑心理说和心理预期说。本节试图从这些理论出发，找到决定未来人民币汇率的理论因素。

购买力平价理论是最基础的汇率决定理论。通常所说的盯住一篮子货币、贸易加权等都是基于购买力平价理论的逻辑。在我国资本项目开放程度不高的情况下，侧重购买力平价理论无可厚非。与此同时，我们不应当忽视利率平价理论，尤其是在资本项下不断开放的情况下，应当更多考虑利率平价的因素，它对短期的影响更大。同时，巴拉萨-萨缪尔森理论不应被视作是对购买力平价理论的否定，二者存在互补关系。在长期的时间跨度内，信息可充分传导，仅用购买力平价理论来指导汇率政策，盯住一篮子货币是正确的。然而，在一个较短的时期内，购买力平价、利率平价、巴拉萨-萨缪尔森理论都相对独立地影响着实际汇率。于是问题就在于怎样用多因素拟合短期的实际汇率。

根据美国经济学家纳克斯的定义，一国将在实现国际收支平衡和充分就业的情况下达到均衡汇率。然而这一理论主要适合汇率制度稳定的发达国家。我国政策及经济环境复杂多变，拟合程度并不好，需要进一步尝试在均衡汇率公式中引入制度阈值。

另一个著名的理论是蒙代尔的不可能三角理论：一国必须在汇率稳定、资本自由流动和货币政策独立性三者之中进行选择。笔者认为，我国货币当局一定会坚持货币政策的独立性，资本项下流动是大趋势也是一个相对的过程，汇率制度会在稳定的前提下逐步完成市场化改革。长期来看，我国会处在货币政策独立、资本项下流动相对不充分、人民币汇率相对稳定的大环境中。不排除在极端的升值预期或贬值预期下，人民币汇率会出现大幅波动，在持续单边升值或贬值的情况下，汇率稳定会成为阶段性的首要调整目标。

汇兑心理说是法国学者阿夫达里昂（A. Aftalion）于 1927 年提出的。他认为，人们之所以需要外币，是为了满足某种欲望，如支付、投资、投机等等。这种主观欲望是使外国货币具有价值的基础。人们依据自己的主观欲望来判断外币价值的高低。根据边际效用理论，随着外汇供应的增加，单位外币的边际效用就会递减，外汇汇率就会下降。在这种主观判断下外汇供求相等时所达到的汇率，就是外汇市场上的实际汇率。汇兑心理说后来被演变成心理预期说，即外汇市场上人们的心理预期对汇率的决定产生重大影响。汇兑心理说和心理预期说虽然引进了唯心论的成分，有片面之处，但它们在说明客观事实对主观判断产生影响，主观判断反过来又影响客观事实这一点上，有其正确的一面。汇兑心理说和心理预期说在解释外汇投机、资金逃避、国际储备下降及外债累积对未来汇率的影响时，尤其值得重视。应当指出，汇兑心理说和心理预期说讲的都是对短期汇率的影响。它们是影响汇率变动的因素，而不是汇率，尤其不是长期汇率的决定基础。

三、当前人民币汇率形成机理探讨

（一）关于参考一篮子货币中美元占比问题

2005 年汇改后，人民币汇率参考一篮子货币进行调节和管理。自 2015 年 12 月起，外汇交易中心定期公布 CFETS 人民币汇率指数，逐步把参考一篮子货币计算的有效汇率作为人民币汇率水平的主要参照。同时，外汇交易中心也列出了参考 BIS 货币篮子、SDR 货币篮子计算的人民币汇率指数。

根据巨潮人民币有效汇率指数（见图 26—3），人民币贬值趋势并没

——巨潮人民币名义有效汇率指数　——巨潮人民币实际有效汇率指数

图 26—3　巨潮人民币有效汇率指数

资料来源：Wind 资讯。

有形成。相反，最近五年基本处于不断升值的过程。即便在 2015 年年中开始对美元贬值后，人民币有效汇率仍然保持了相对的平稳，名义与实际有效汇率指数都在 4% 的幅度内波动。不管是参考 BIS 货币篮子、SDR 货币篮子还是 CFETS 指数，同时期的波动幅度均在 4% 以内（见图 26—4）。

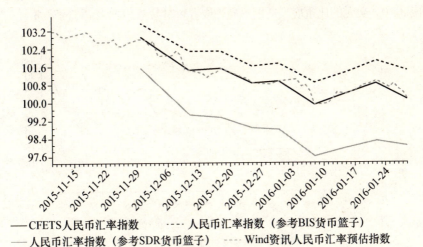

—— CFETS人民币汇率指数　　···· 人民币汇率指数（参考BIS货币篮子）
—— 人民币汇率指数（参考SDR货币篮子）　···· Wind资讯人民币汇率预估指数

图 26—4　不同参考篮子下的人民币汇率指数

资料来源：Wind 资讯。

值得注意的是，不同的参照标准（货币篮子）中同一种货币的权重是不一样的（见图 26—5）。以美元为例，其在 CFETS 的标准中占 26.4% 的权重，在 BIS 中占 17.8%，在 SDR 中占 42%（这与美元在国际支付份额中

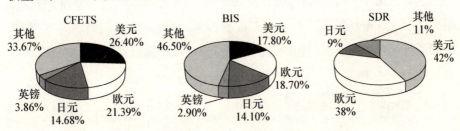

图 26—5　不同货币篮子的构成

资料来源：作者整理。

的占比相似，见图 26—6)。CFETS 标准下货币篮子的构成参考的是贸易权重，而实际上在资本项下开放的大环境下，资本项下支付结算的比重在增大，美元是资本项下主要的支付结算货币。在这种情况下，实际货币供求和盯住的目标之间出现了巨大的差异，这会导致人民币汇率频繁波动。笔者认为，在 CFETS 的标准中，美元的比重应当适度提高，或者暂时参考 SDR 货币篮子权重。

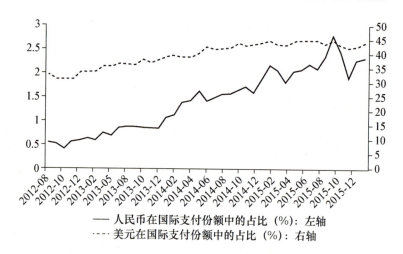

—— 人民币在国际支付份额中的占比 (%)：左轴
···· 美元在国际支付份额中的占比 (%)：右轴

图 26—6　人民币和美元在国际支付份额中的占比

资料来源：Wind 资讯。

（二）关于影响汇率走势的六因子视角

笔者总结了六个影响因子（见表 26—1）：货币购买力、资金的价格、劳动生产率、市场供求（包括资产配置因素）、政策调整因素和心理因素，试图通过这六个因子对当前的人民币汇率形成机理进行解读。

表 26—1　　　　　　　影响人民币汇率走势的六大因子

序号	影响因子	理论基础	观测指标	影响力变化	影响方向
1	货币购买力	购买力平价	CPI	中国 CPI 增速 1.4%，美国 CPI 增速 0.7%，美国核心 CPI 增速 2.1%	影响汇率的长期趋势，对短期波动影响较小

续前表

序号	影响因子	理论基础	观测指标	影响力变化	影响方向
2	资金的价格	利率平价前提：资本项下开放	基准利率	该因素的影响力随着资本项下开放程度的增加而增加。货币政策手段有市场化倾向。与美国货币政策出现分化，当下利差为正。预计未来两年内仍保持平均为正的利差。美国经济数据及全球金融动荡动摇了美联储加息预期，中美利差变小趋势减缓	一阶导数（下文简称"一导"）不支持贬值，二阶导数（下文简称"二导"）形成贬值压力，但货币政策分化进程会十分缓慢，不支持大幅贬值
3	劳动生产率	巴拉萨-萨缪尔森效应	工业增加值/从业人员数量	2015 年中国劳动生产率比上年提高 6.9%，增速较去年下降了 0.4%，美联储则预计美国劳动生产率比上年提高 2.6%～2.8%，增速比上年高 0.2%～0.4%	一导不支持贬值，二导形成贬值压力，但二导变化幅度并不大
4	市场供求	凯恩斯主义的汇率理论	贸易顺逆差、资本流动顺逆差	12 月贸易数据好于预期、资本外流激增（如从 2015 年 5 月开始，银行体系中的外汇头寸明显减少，在 12 月减少了超过 900 亿美元）	资本外流是贬值的主要压力源

续前表

序号	影响因子	理论基础	观测指标	影响力变化	影响方向
4.1	资产配置（第四因子的子项）	现代投资组合理论	金融资产的价格相对变化	股灾之后 A 股整体市盈率依然很高，但资本项下开放有限，中国股市市场估值、机制、参与者都有其特殊性，心理因素影响放大；债权方面如果币值稳定，绝对利差犹存；商品如房产方面，在美配置房产需求近两年持续升温，但近期信贷收紧、反洗钱加强或对此方面的需求产生负面影响。长期看，分散化的优势将使得人民币和美元资产的配置权重此消彼长，资产配置过程将会是动态平衡的	有贬值压力，但资本项下开放程度有限
5	政策调整因素	不可能三角理论		货币政策独立性、汇率稳定、资本项下开放，以上是正常排序，在特殊的时点（人民币国际化战略节点、金融危机状态时点）汇率稳定的重要性上升；当前央行维稳坚决、控制力强；前期释放了一定的贬值压力	汇率稳定

续前表

序号	影响因子	理论基础	观测指标	影响力变化	影响方向
6	心理因素	汇兑心理说	VIX 指数及各因子二阶导数	中国 GDP 增长率下降，石油等大宗商品价格持续探底，全球经济衰退阴云密布，恐慌情绪持续发酵	二导有贬值压力，恐慌心理进一步放大了这种压力

1. 物价水平因素

货币购买力因子的理论基础是购买力平价，可以通过 CPI 进行观测。当前，全球大部分国家和地区都面临着通缩的危机。由图 26—7 可见，近期中国通胀率走势相对平稳，短期内通缩压力不会消失，但有望在低位企稳；美国通胀率仍处低位但小幅上扬。由于物价指数对应的商品篮子构成不同，简单的通胀指数水平观测意义不如其一阶差分通胀率指标（一导）和通胀率变化率指标（二导）。当前，物价总水平和通胀率指标整体平稳，未对人民币形成贬值压力。

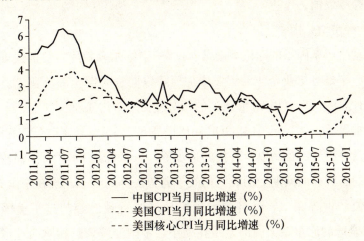

—— 中国CPI当月同比增速（%）
······ 美国CPI当月同比增速（%）
- - - 美国核心CPI当月同比增速（%）

图 26—7　中美 CPI 同比增速对比

资料来源：Wind 资讯。

2. 利率水平因素

资金价格因子的理论基础是利率平价，可以通过基准利率进行观测。

利率平价的前提是资本项下开放，故而该因素的影响会随着资本项目开放的推进而不断增大。当前，中国央行正引导市场将利率水平的参考值向常备借贷便利形成的上下轨变化。总体来看，我国的货币政策引导着无风险利率不断下行。同时，美联储开始加息，后续加息的预期令短期内人民币对美元有一定的贬值压力。但当下中美关键利率指标仍存在 1.5%～2% 的正利差。并且，修正的泰勒公式（修正后的泰勒公式加大了产出缺口的影响，β 由最初的 $\frac{1}{2}$ 变成了 1）推导出的结果并不支持美国加息。外界普遍对美联储首轮加息的正确性产生质疑，美国经济是否确实强劲复苏存在疑问，未来美联储的货币政策走向仍存在不确定因素。2016 年 1 月 29 日的联邦基金利率期货价格表明，市场预计美联储 2016 年不会加息。预计其未来加息幅度及频率都不会高。由此，未来两年内中美两国利差值仍将大概率保持正值。无论是绝对利差还是当下趋缓的利差缩小趋势，都不支持人民币对美元的持续贬值。

3. 经济增长因素

劳动生产率因子的理论基础是巴拉萨-萨缪尔森效应。目前我国的全员劳动生产率是将工业企业的工业增加值除以同一时期全部从业人员的平均人数来计算的，也可用 GDP 增速的相对变化来简化处理。

数据显示，2015 年中国 GDP 同比提高 6.9%。受益于改革红利的释放、人均受教育程度的提高以及科技的进步等，未来我国 GDP 预计保持相对高速增长的态势；而同期美国经济仍处于弱势复苏的状态。现在中国 GDP 绝对规模位居世界第二，经济的增量对全球的贡献已经超过了美国，中国 GDP 占全球的比重跟美国的差距在缩小，中国经济依然相对高速增长。中美两国 GDP 增速一直存在一个正向差，尽管这个差值在近两年有不断缩小的趋势（二阶差分变化导致），但当下仍有 4.5% 左右的差距，并且这种差值变小的趋势本身也正趋于平稳。二阶导数只有在经济发生巨大的变化和转折的时候才能发挥作用。当前一些舆论不断强化中国经济转型对经济增速的影响，甚至演变为对中国经济"硬着陆"的担忧。实际上虽然经济数据显示经济下行，但好于预期，依然较为平稳，未见明确的"硬着陆"迹象。而内在的结构优化、产业升级等积极变化更不能简单地通过增速的变化来判定全社会劳动生产率下行、经济下行。由中国经济增速放缓产生的过度担忧情绪当属"非理性"范畴。无论是中美经济增速绝对差值还是当下趋缓的差值缩小趋势，都不支持人民币对美元的持续贬值。

4. 市场供求及资产配置因素

市场供求因素的理论基础是凯恩斯主义的汇率理论，可以通过贸易顺逆差和资本流动顺逆差进行观测。

就人民币市场供求因素来看，首先，我国对外贸易持续顺差，前期人民币贬值，有助于这种顺差的持续；其次，我国直接投资尽管 12 月出现较大的逆差，但 2015 年仍保持顺差。但全球金融动荡加上人民币对美元的现实贬值所形成的心理恐慌，促使企业去外债，居民增加境外资产配置，加速资本外流，2015 年我国官方外汇储备持续减少。2015 年 5 月开始银行体系中的外汇头寸明显减少，在 12 月更是减少了超过 900 亿美元。而这种减少又进一步产生不安，形成一定的恶性循环。实际上，中国资本项下开放有限，当前的资本外流总体仍在可控范围内。

资产配置因素的理论基础源于现代投资组合理论，可以通过金融资产的相对价格变化进行观测。现实中，中美金融资产的相对价格变化并不支持过度单边配置境外资产。在股权方面，截至 2016 年 2 月 4 日，股灾之后 A 股整体市盈率已处于相对低点。从市盈率等静态指标来看，相比美股、港股等境外市场，我国创业板、中小板估值似乎依然较高。但实际上，中国股市的经济金融背景、机制和参与者都有其特殊性，且资本项下开放度有限，套利并不充分，因此不能简单横向比较静态估值。在债权方面，绝对利差犹存。在商品如房产方面，在美配置房产需求近两年持续升温，但近期信贷收紧、反洗钱加强或对此方面的需求产生了一定的负面影响。从资产的币种选择来看，人民币对美元的预期贬值与现实贬值间形成了相互叠加效应。有能力配置海外资产的高净值人群，倾向于增加海外资产配置，对人民币形成贬值压力。此外，随着资本项下的开放，资产分散化的避险思维也增加了人们对美元资产配置的需求。尽管中国资产对境外投资者也会存在配置需求，但当境外投资人因不了解中国而高估中国资产风险时，则会减少中国资产的配置（在美国投资者看来，中国市场波动率（VIX）指数甚至高于新兴市场国家整体水平），从而形成资本净外流和人民币贬值压力。笔者认为，中国是全球经济增长的拉高而非拉低主力，人民币资产的风险被高估了，价值则存在低估的可能。长期看，非理性恐慌会趋于平复，资产平衡配置引起的市场供求变化不会对人民币汇率形成持续贬值压力。

5. 政策因素

政策调整因素的理论基础是不可能三角理论。笔者认为，通常情况下，央行的政策优先顺序依次是货币政策独立性、汇率稳定、资本项下开放。在保持货币政策独立性的同时，维持人民币汇率相对稳定、逐步推进我国资本项下开放是维护我国乃至全球的金融体系稳定、促进经济健康发展的最优选择。在特殊时点，如人民币国际化战略节点及金融危机状态，汇率稳定的重要性将会上升。在2015年8月中旬央行采用参考一篮子货币的有管理的浮动外汇政策后，人民币对美元汇率出现了较大幅度的贬值，释放了一定的贬值压力。当前，央行启动了公开市场操作、缴存存款准备金等举措，表明了坚决的维稳态度，有助于未来人民币汇率保持稳定。

6. 心理因素

心理因素的理论基础是汇兑心理说和心理预期说。该因素近期可用VIX恐慌指数来观测。人民币对美元汇率自美联储加息预期形成以来，一直存在贬值预期。并且，经过2015年7月股灾和央行主动贬值、改革汇率形成机制，贬值预期更为强烈。在人民币汇率大幅波动、中国及其他新兴市场国家经济增速下滑、美联储加息预期、石油等大宗商品价格持续探底、各国股市剧烈震荡等负面事件的综合作用下，投资者各种担忧叠加激化成恐慌情绪，从而使人们更加倾向安全资产。而恐慌情绪反过来又加剧了新兴市场国家货币、全球股票等风险资产价格的下跌。VIX 指数主要与影响人民币汇率的各客观因素的二阶导数密切相关。导致抛售人民币的恐慌情绪的非理性的根源在于过分关注了物价、利率、经济增速的变化率（二阶差分或二阶导数）的影响。而前期市场强调人民币的升值压力阶段，则是关注了中美利差、经济增速的绝对差值（一阶差分或一阶导数）的影响。短期内，恐慌心理因素构成人民币对美元汇率的主要压力。

（三）六因子视角的实证检验

1. 基于月度数据的检验

变量：汇率、通货膨胀、工业增加值增速、利率、股指、净出口、VIX。

样本：2011 年 1 月—2015 年 12 月。

方法：OLS 回归。

资料来源：Wind 资讯。

检验结果见表 26—2。

表 26—2　　　　　　　　　　　月度数据实证检验的结果

	一阶导数	二阶导数
通货膨胀	无	无
工业增加值增速	无	无
利率	↑，RMB 升值	无
股指	↑，RMB 升值	无
净出口	无	无
VIX	无	无

注：美国相关指标均不显著，此处没有报告。

指标说明：

1. 中国的通货膨胀一阶导数指中国 CPI 变化率，二阶导数指 CPI 变化率的变化率。

2. 中国的 GDP 增速只有季度数据，产出增速用工业增加值增速替代。一阶导数指工业增加值增速本身，二阶导数指工业增加值增速的变化率。

3. 中国的利率是 7 天 Shibor 月度加权值。一阶导数指利率水平值，二阶导数指利率变化值。

4. 中国的股指采用上证综指。一阶导数是股指升降多少点，不是波动率。二阶导数是股指变化值的变化值。

5. 中国的净出口一阶导数指本月中国净出口相比上月净出口的变化值，二阶导数指净出口的变化值的变化值。

6. VIX 指中国 ETF 波动率指数月度平均，一阶导数是 VIX 本身，二阶导数是 VIX 的变化率。

2. 基于日度数据的检验

变量：汇率、中美股指、中美利率、中美 VIX。

样本：2011 年 3 月 6 日—2015 年 1 月 27 日。

方法：OLS 回归。

资料来源：Wind 资讯。

检验结果见表 26—3。

表 26—3   日度数据实证检验的结果

	一阶导数	二阶导数
中国股指	↑，RMB 升值	↑，RMB 升值
美国股指	无	无
中国利率	无	无
美国利率	↑，RMB 贬值	↑，RMB 贬值
中国 VIX	↑，RMB 贬值	无
美国 VIX	↑，RMB 贬值	无

指标说明：

1. 中国股指、美国股指分别指上证综指和道琼斯指数。一阶导数是股指升降多少点，不是波动率。二阶导数是股指变化值的变化值。

2. 中国利率和美国利率分别指隔夜 Shibor 和美国联邦基金利率。一阶导数指利率水平值，二阶导数指利率变化值。

3. 中国 VIX 和美国 VIX 分别指中国 ETF 波动率指数和美国标准普尔 500 波动率指数。一阶导数指 VIX 本身，二阶导数指 VIX 变化率。

3. 结论

结合月度数据、日度数据检验，我们得到如下结论：（1）影响汇率短期波动的因素有：中国股指、中美利率、中美 VIX 指数。（2）月度数据检测结果显示人民币对美元汇率与美国相关指标均不显著。日度数据中中国股指、中国 VIX 与人民币对美元汇率的相关性高于美国相关指标，利率相反。说明影响人民币汇率波动的主要是中国自身因素，短期对美国利率变化高度敏感（可能与美国利率市场化程度高有关）。（3）二阶导数的相关性普遍不显著，仅日度数据检验结果显示人民币对美元汇率与中国股指和美国利率二阶导数有显著相关性，且相关性弱于一阶导数。应更关注一阶导数的影响。（4）影响汇率短期波动的主要因素是热钱。而影响热钱的因素是股指、利率和恐慌心理。股市下降速度增加，将导致心理恐慌，加剧资本外流，进而导致人民币贬值。热钱很少考虑通货膨胀因素，因此经验检验表明，通货膨胀不影响汇率短期波动。

四、人民币对美元汇率走势预测

当下全球实际上已进入金融危机模式，这种恐慌的消散还需要一个过程。因而，人民币对美元汇率短期内仍存在贬值压力。根据 2016 年 1 月 28 日市场数据观察，CNYNDF1Y 有 3.9％左右的年度贬值预期，CNYNDF2Y 有 7.8％左右的贬值预期。恐慌心理反复发作，人民币对美元的短期贬值压力犹存，但持续贬值理由不充分。仍需要央行持续干预，消除贬值预期，维持汇率稳定。

事实上，当前各种客观因素并未发生任何剧烈变动，利差和经济增速差值持续为正应作为判定汇率走势的主要依据，不应为其变化率所替代。总之，尽管主要的客观影响因素的变化率在触动着人们的神经，但决定汇率的主要客观因素的当前水平并不支持人民币对美元的持续贬值。同时，中国的外汇储备实力雄厚，人民币国际化战略下央行维稳意愿坚决、行动果断，人民币汇率仍有望保持相对稳定。

因此，我们对人民币对美元汇率的总体判断为短期依旧承压，长期贬值趋势不成立，人民币汇率有望保持稳定。

五、政策建议

第一，控制好资本项目开放的节奏。资本项目开放过快会对人民币汇率、中国资本市场产生短期的冲击，加大其波动性，也不利于我国金融体系的稳定。

第二，人民币汇率盯住货币篮子的同时，适当调高美元在其中的占比。盯住一篮子货币加大了人民币汇率本身的弹性，实际上也放大了对美元的波动。考虑到美元在资本项下结算占比情况，现行的一篮子货币中美元的比重太小，仅占 26.4%，应适当调高。比如参考其国际支付份额，以减少外汇市场的波动。

第三，加强对人民币汇率心理预期的引导和管理，利用窗口指导、在公开市场及政策推出中的果断行动、理论论证及舆论引导等手段，多措并举，避免脱离实际、非理性的持续性贬值或升值预期的形成。

2016 年大类资产价格走势展望 *

北京大学经济研究所 民生加银资产管理有限公司

北京大学经济研究所与民生加银资产管理有限公司合作组建民生加银资管宏观研究团队，共同对部分宏观领域进行研究、发布报告等。本团队密切跟踪宏观经济与政策的重大变化，将短期波动纳入一个综合性的理论研究框架，以独特的观察视角去解读和把握宏观趋势、剖析数据变化、理解政策初衷、预判政策效果。

从 2015 年 11 月开始我们对外发布监测结果。从 12 月开始定期更新公布每周的监测结果。2016 年伊始，基于对国内外宏观经济因素的密切观察，北京大学经济研究所与民生加银资产管理有限公司联合发布大类资产价格走势的展望结果。详见下列表格。

---

* 大类资产走势每周发布一次。本次《2016 年大类资产价格走势展望》报告形成于 2016 年 2 月 12 日，为年度预测。

第一部分：标准类（一）		
汇率：人民币（对美元）		
宏观影响因素变化	拉升因素	1. 中国经济增速虽有所下降，但仍相对稳定，且高于世界平均水平 3~4 个百分点。 2. FDI 持续流入，贸易顺差持续。前期释放了一定的恐慌心理和人民币贬值压力，资本项下开放有限、近期境外购房信贷收紧、反洗钱加强等有望减弱资本外流压力。 3. 中国的外汇储备实力雄厚，人民币国际化战略下央行维稳意愿坚决、行动果断，人民币汇率仍有望保持相对稳定。 4. 美国经济有走弱可能，加息预期近期有所减弱。
	压低因素	1. 中美经济增长走势及货币政策分化，带来贬值预期。 2. 股市及商品市场暴跌引起的恐慌心理等因素，加大了人民币贬值压力。 3. 企业去外债，居民增加境外资产配置，加速资本外流，形成抛压。 4. 央行侧重盯住篮子货币后人民币汇率弹性增大。
走势描述		回归模型预测 CNY/USD 贬值 6％左右，至 6.9。2 月 4 日 CNYNDF1Y 有 4.9％左右的年度贬值预期，CNYNDF2Y 有 9.0％左右的年度贬值预期。短期贬值压力犹存，但已趋稳。鉴于当下主导贬值压力的是恐慌情绪，预计在央行坚决维稳干预下汇率不会超过 6.8。
走势方向		—
配置比例建议		—

第一部分：标准类（二）		
股权：A 股指数		
宏观影响因素变化	拉升因素	1. 2016 年政策环境有望保持宽松，货币政策宽松趋势放缓，财政政策作用加码。 2. A 股指数经过 1 月的巨幅回落，估值得到一定的修复，恐慌情绪宣泄较为充分。 3. 外贸数据向好，结构优化的同时需求总量有望适度企稳回升。 4. 改革试错带来的负面影响的快速消除，有利于改革红利的持续释放。解除熔断、减持新规的出台，注册制安排的说明，众多上市公司不减持的声明，以及外围市场企稳等，令后市有望企稳。 5. 美国经济复苏趋缓，美联储加息次数可能小于预期，有力缓解 A 股资金流出。 6. 2016 年 6 月 A 股纳入 MSCI 概率很大，有利 A 股，尤其是金融板块。
	压低因素	1. 实体经济继续探底，转型及改革带来的不确定性令避险情绪增加。 2. 估值比较效应、人民币汇率贬值预期、资产分散配置等引起资本外流。 3. 农行、中信银行票据案不利银行股。 4. 全球性金融恐慌反复发酵，拉低风险资产价格。
走势描述		1 月巨幅下挫，恐慌情绪得以宣泄，增大了后市企稳回升的概率，但涨幅或将有限。
走势方向		↑
配置比例建议		↑
股权：新三板指数		
宏观影响因素变化	拉升因素	1. 分层制度、混合做市商制度推行、公募基金入市等改革带来政策红利。 2. 估值相对主板较低。
	压低因素	避险情绪反复发酵令股市承压。
走势描述		整体估值仍存上涨空间，短期随主板缓慢震荡回暖。
走势方向		↑
配置比例建议		↑

第一部分：标准类（三）		
股权：港股指数		
宏观影响因素变化	拉升因素	1. 香港外汇储备充足，有利于稳定金融系统。 2. 紧跟美国的货币政策，有利于缓解资本流出压力。美联储加息步伐减缓后流动性压力有望降低。 3. 深港通利好港股。 4. 大陆经济呈现软着陆信号，有望今明两年企稳。
	压低因素	1. 美联储加息仍存不确定性，港股被动紧缩风险犹存。 2. 大陆及全球经济增速下滑引起过度恐慌的影响。 3. 房地产市场可能出现危机，波及股市。
走势描述		短期受避险情绪反复拖累。深港通推出前后有一轮行情。
走势方向		↑
配置比例建议		↑
股权：美股指数		
宏观影响因素变化	拉升因素	1. 随着油价企稳，经过前期巨幅下跌，估值修复后有望反弹企稳。 2. 受经济复苏减缓影响，美联储加息次数可能小于预期。
	压低因素	1. 资本避险情绪积累启动了全球风险资产的多米诺骨牌模式。 2. 一旦经济企稳，美联储仍有继续启动加息的可能。 3. 美国经济复苏趋势放缓。 4. 石油价格反复低位亦压制美股指数。
走势描述		美指承压，探底企稳后震荡横盘或持续。
走势方向		—
配置比例建议		—

第一部分：标准类（四）		
股权衍生品：股指期货		
宏观影响因素变化	拉升因素	1. 1月巨幅下跌后，恐慌情绪得到一定的宣泄，当市场意识到实体经济未出现实质性巨幅下挫、硬着陆后，有望反弹。 2. 确认进入金融危机模式后，政府金融维稳意向明确。
	压低因素	交易规则改变后，交易成本大增，流动性大幅萎缩，套利门槛高，多空失衡导致存在较大期现差，套保功能弱化。短期恐慌情绪增加令股指大幅下行，基差扩大。
走势描述		反弹启动在即，可适当做多。基差缩小后可卖出期指对冲主板下行风险。
走势方向		↑
配置比例建议		↑
股权衍生品：股指期权		
宏观影响因素变化	拉升因素	1. 1月巨幅下跌后，恐慌情绪得到一定的宣泄，当市场意识到实体经济未出现实质性巨幅下挫、硬着陆后，有望反弹。 2. 确认进入金融危机模式后，政府金融维稳意向明确。
	压低因素	股指期货受限后，股指期权成为重要对冲工具，供求失衡，对冲成本较高，加之波动率依旧偏高，导致期权价格持续高位。
走势描述		未来随着不确定性回落，期权价值有望缓慢下行。
走势方向		↓
配置比例建议		↑

第一部分：标准类（五）		
债权：中国信用债收益率		
宏观影响因素变化	拉升因素	货币政策持续宽松。
	压低因素	1. 流动性风险主要源自人民币贬值预期引起的资本加速外流和季节性波动。 2. 信用风险上升，在实体经济疲弱，重点发债行业产能过剩严重、亏损加剧，企业债市场发债审批简化，供给增加的背景下，预计未来第一、二季度信用违约事件将有增无减，前期违约事件的顺利解决，则有助于风险利差的下行。
走势描述	短期信用利差无风险利率有上行可能，预计春节后有望震荡下行。	
走势方向	↓	
配置比例建议	↑	
债权：中国国债收益率		
宏观影响因素变化	拉升因素	短期流动性充裕。
	压低因素	1. 受制于美国加息和人民币贬值压力，央行货币政策手段或更倾向于灵活的市场化手段，降准降息频率都将下降，预计未来一年，降准降息各约两次。 2. 实体经济继续走低，资金需求整体疲弱。
走势描述	下行概率较大。	
走势方向	↓	
配置比例建议	↑	

第一部分：标准类（六）		
债权：离岸人民币债券收益率		
宏观影响因素变化	拉升因素	1. 虽然当前中国经济的增长率表现较弱，但对世界经济增长的贡献率依然较大。 2. 在世界经济一片哀鸿时期，离岸人民币债券收益率依然相对较高。
	压低因素	美联储加息收紧流动性，人民币贬值预期犹存，RQDII 业务暂停影响点心债的后续承接，经济下行推动离岸人民币债券违约利差增加，且美资对中国经济看法较悲观，波动率指标甚至高于一般新兴市场国家，收益率持续高位。为避免流动性不足带来高交易成本，尽量安排长期资金对接，或者选择短久期品种配置。
走势描述		短期收益率持续高位。风险情绪宣泄后有望下行。
走势方向		↓
配置比例建议		↓
债权衍生品：可转债指数		
宏观影响因素变化	拉升因素	1. 可转债市场规模逐渐扩大，增加了消化供给冲击的能力。 2. 债券收益率处于历史低位，转债的机会成本较低，由于转债的流动性较好，投资者可以通过不断的交易实现相对较高的收益，对可转债的需求形成支撑。
	压低因素	1. 正股走势低迷，对可转债的需求产生压力。 2. 居高不下的转股溢价率，弱化了可转债的债性。 3. 新券供给的冲击在未来一段时间内预计仍将制约转债市场的表现。
走势描述		短期下行概率较大。
走势方向		↓
配置比例建议		↓

第一部分：标准类（七）		
商品：黄金		
宏观影响因素变化	拉升因素	1. 央行继续增持黄金。黄金有助于实现储备资产配置多元化，发展中国家的央行意识到经济和地缘政治的前景不明朗，购买黄金的趋势或将继续。由于新兴市场国家可能继续增持，而发达国家也会惜于抛售，未来全球央行仍将会是黄金的净买家，央行对黄金的需求将对金价提供支撑。 2. 黄金供应量保持相对紧缩。由于黄金价格长期低迷，黄金供给商受到损失，勘探减少，产量有所下降，黄金供应商降低供给将对金价产生小幅支撑。 3. 经济下行、金融动荡带来的避险情绪也将助推金价上涨。近年来黄金走势受到国际宏观经济状态以及市场情绪的影响已经超过了地缘政治的影响。 4. 全球经济下行，货币政策宽松有助于减少黄金持有成本。美国加息预期下降也将从汇率及利率两方面减少黄金持有成本。
	压低因素	1. 美国经济增长与就业增长短期内出现分化，加息存在不确定性。一旦确认经济稳步复苏，加息将再度启动，金价必重回下行通道。 2. 油价下跌拖累黄金。随着原油价格的下跌和持续低位，原油出口收入不足以弥补产油国进口支出，促使产油国通过削减一部分黄金储备来确保本国的经济发展，这种削减扩大了全球黄金市场的供给量，在客观上对金价构成压制。
走势描述		短期内风险因素及货币因素或将驱动金价震荡上升。 未来金价不确定性加大，预计上涨幅度有限，以低位震荡为主。
走势方向		—
配置比例建议		—
商品：石油		
宏观影响因素变化	拉升因素	1. 对伊朗的原油出口制裁解除后加剧供应过剩。 2. 2016年全球经济增速或进一步下行，削弱石油需求。 3. 美国原油产量处于高位、炼厂需求下滑、库存持续刷新纪录高位，供过于求局势持续。
	压低因素	1. OPEC主要产油国或与俄罗斯协调减产将极大地影响油价走势。 2. 不断减少的活跃石油钻井数以及较弱的美联储加息预期均利多油价。
走势描述		低位震荡。
走势方向		—
配置比例建议		—

第一部分：标准类（八）		
商品：金属期货（螺纹钢）		
宏观影响因素变化	拉升因素	1. 供给侧改革，政策利好。关于行业的供给侧改革，政府近期多次强调要化解钢铁、煤炭等行业的过剩产能，政策利好对钢铁价格形成支撑。为化解和淘汰落后产能，钢铁行业已经被国家列为严控信贷投放的产能过剩行业之一，银行开始重新评估并调整钢铁行业的信贷风险。银行通过信贷结构调整来促进产业调整和升级，以化解过剩产能，预期未来钢铁方面信贷将向优化产业结构、并购等方向转移，有利于优化钢铁行业产业长远布局。 2. 钢铁出口关税降低。自2016年1月1日起，我国将对进出口关税进行部分调整。降低生铁、钢坯等商品的出口关税，其关税将由现在的25％下调到20％。关税下调无疑将利多钢材市场，在钢价持续下滑的情况下，政府倾向于通过降低钢材产品出口税率来刺激出口市场的持续增长，这也有利于化解钢铁行业日益严重的产能过剩局面。
	压低因素	1. 全球钢铁需求收缩。全球经济难以摆脱深度调整压力，全球经济复苏步伐低于预期，产出缺口依然保持高位，全球钢铁需求增速也将随之下滑。 2. 中国钢铁消费见顶，需求进入饱和期。钢铁行业属于周期性较强的行业，与经济运行周期高度相关。近年来在经济增速放缓的情况下，下游房地产、工程机械、汽车、家电等钢铁终端需求行业均受到一定程度的影响，对钢铁的消费量增速明显放缓。下游主要用钢行业中，除了基建投资表现相对较好以外，房地产开发投资增速持续回落，机械以及家电行业甚至呈现负增长态势，从而拖累用钢需求出现了较大幅度的下滑，可见，当前中国钢铁行业已经进入需求的饱和阶段。 3. 贸易摩擦愈演愈烈，钢铁将受影响。中国庞大的钢材出口量对国外钢铁市场形成较强冲击，近几年中国频繁遭受来自欧盟、美国、墨西哥以及印度等国家和地方的反倾销诉讼，2016年国际市场对于中国钢材产品的反倾销力度将会明显加大，势必会对中国钢材出口形成较大冲击。
走势描述	反弹乏力，低位震荡。	
走势方向	—	
配置比例建议	—	

第二部分：非标准类（一）		
股权：PE/VC/定增		
宏观影响因素变化	拉升因素	1. 完善新三板制度体系建设提速。 2. 十八届三中全会提出发展普惠金融，旨在扩大中小企业融资规模。 3. 一方面，新三板不穿透资管及契约型私募有助其作为 PE/VC/定增；另一方面，新三板指数当前估值较低。
	压低因素	内部企业良莠不齐，警惕虚高泡沫破裂。
走势描述		当前估值较低，适合储备建仓优质项目。
走势方向		↑
配置比例建议		↑
债权：贷款利率		
宏观影响因素变化	拉升因素	1. 2016 年货币政策整体稳健，为结构改革创造良好的金融环境。虽然迫于人民币贬值压力，央行降准次数低于预期，但是将通过逆回购及 MLF、SLF、PSL 投放大量流动性。人民币汇率企稳后，货币政策空间将有所释放。 2. 鉴于中长期贷款利率依然很高，央行将会采用 MLF、PSL 等引导中长期利率下降。
	压低因素	受制于人民币贬值压力，降准降息频率都将下降，预计未来一年降准降息各约两次。
走势描述		长期下行。
走势方向		↓
配置比例建议		↑

第二部分：非标准类（二）		
债权：票据利率		
宏观影响因素变化	拉升因素	1. 农行案件暴露风险，票据贴现方式融资难度加大，企业可能通过提升贴现利率来融资。 2. 银行机构在短期内将处理存在可能风险的汇票，短期内扩大票据供给，引致转贴现利率上升。
	压低因素	1. 货币市场相对稳健，或有小幅下行，但空间有限。 2. 经济增速放缓，实体信贷需求不足。 3. 银行存贷比考核导致信贷规模对票据利率影响减弱。
走势描述		短期上升后维持低位。
走势方向		—
配置比例建议		↑
债权：信托利率		
宏观影响因素变化	拉升因素	工业企业利润持续下滑，银行惜贷现象加重。
	压低因素	货币宽松。
走势描述		波动下行，波动贴近信贷利率。
走势方向		↓
配置比例建议		↑
债权：理财利率		
宏观影响因素变化	拉升因素	季节性波动。
	压低因素	1. 受货币政策宽松走向影响，跟随无风险利率下行。 2. 避险情绪推动需求。 3. 保本、非保本型理财产品界线清晰化，收益差异化。
走势描述		波动下行，波动贴近市场利率。
走势方向		↓
配置比例建议		↑

第二部分：非标准类（三）		
房价：中国		
宏观影响因素变化	拉升因素	1. 政策利好，2015 年以来，首付比例及异地提取公积金方面的放松管制、契税优惠、地方购房补贴等政策效应显现，房地产市场需求释放。调控政策刺激房地产销售，2015 年房地产销售情况好转。 2. 供给侧改革出台政策进一步释放需求，农民工市民化、保障房货币化、租售并举等改革措施有助于消化房地产库存。 3. 在 2016 年经济下行压力下，预期进一步降息，推动潜在需求进入房市。
	压低因素	1. 房地产市场分化，2015 年房市好转中伴有区域及城市间分化，一、二线城市房价上涨，而三、四线城市仍在下行。 2. 房地产库存仍在释放，待售面积仍出现大幅增加，去库存仍需要加大政策刺激力度。 3. 不动产登记引发房地产税全面开征的担忧，投资性需求可能出现迟疑观望。
走势描述		整体向好。
走势方向		↑
配置比例建议		↑
房价：美国		
宏观影响因素变化	拉升因素	1. 美国经济处在复苏过程中，就业改善，未来预期收入增加；受短期宏观经济走弱影响，加息预期减弱。 2. 放宽对外国投资者房地产的不动产税率，利好国外投资者。 3. 房屋租金持续上涨，房地产投资收益较好，吸引投资者进入。
	压低因素	1. 12 月美国房屋指数回落，成屋销售放缓。 2. 短期利率呈上升趋势，居民消费支出增加，可能影响购房计划。 3. 近期境外购房信贷收紧，放缓需求增长。
走势描述		减速上行。
走势方向		↑
配置比例建议		↑

图书在版编目（CIP）数据

寻求突破的中国经济/刘伟主编. —北京：中国人民大学出版社，2016.6
ISBN 978-7-300-22788-7

Ⅰ.①寻… Ⅱ.①刘… Ⅲ.①中国经济-研究 Ⅳ.①F12

中国版本图书馆 CIP 数据核字（2016）第 079240 号

中国经济金融形势展望报告（2016）
寻求突破的中国经济
——不确定性加大背景下的经济金融形势分析
主　编　刘　伟
副主编　苏　剑
XunQiu TuPo de ZhongGuo JingJi

出版发行	中国人民大学出版社		
社　　址	北京中关村大街 31 号	**邮政编码**	100080
电　　话	010 - 62511242（总编室）	010 - 62511770（质管部）
	010 - 82501766（邮购部）	010 - 62514148（门市部）
	010 - 62515195（发行公司）	010 - 62515275（盗版举报）
网　　址	http://www.crup.com.cn		
	http://www.ttrnet.com（人大教研网）		
经　　销	新华书店		
印　　刷	北京中印联印务有限公司		
规　　格	170 mm×240 mm　16 开本	**版　　次**	2016 年 6 月第 1 版
印　　张	17.75 插页 2	**印　　次**	2016 年 12 月第 2 次印刷
字　　数	279 000	**定　　价**	58.00 元